glauben und leben

glauben und leben

Text
Peter Köster SJ, Frankfurt

Aquarelle mit Blattgold
Andreas Felger, Gnadenthal

Gestaltung und Herstellung
Martina Heuer und Stefan Wiesner, Gnadenthal

Reproduktionen
Digital Design Borgers, Hünstetten-Wallrabenstein

Druck und Bindung
Freiburger Graphische Betriebe, Freiburg

Imprimii potest. – München, 13. November 2005
Stefan Dartmann SJ, Praep. Prov. Germ.

Gnadenthal · 65597 Hünfelden
www.praesenz-verlag.de
ISBN 3-87630-061-4

Peter Köster

glauben und leben

Das Apostolische Glaubensbekenntnis
und das Vaterunser
mit Erläuterungen für Glaubende und Suchende

Mit Aquarellen von Andreas Felger

Präsenz

Das apostolische Glaubensbekenntnis

Der Glaube gehört zu jenen
unkalkulierbaren Vergünstigungen des Lebens,
für die sich zwar jede Menge von Gründen
anführen lassen, die aber letztlich –
wie das Geschenk einer wunderbaren Rettung,
einer Freundschaft, einer Intuition und das Leben –
nicht erklärbar sind.

Eugen Biser

Einführung

Das Volk des Ersten Testaments hat seinen Glauben auf eine sehr wirksame Weise lebendig gehalten und weitergegeben – bis auf den heutigen Tag. Schon im alten Israel erzählte man sich, wie Gott einst an den Vätern und Müttern gehandelt hat. Bevor die Überlieferungen von Gottes Taten und seinen Wegen mit den Menschen aufgeschrieben wurden, gingen sie über viele Generationen von Mund zu Mund. Die Menschen haben vor allem die Geschichten weitererzählt und die Ereignisse ihres Ursprungs gefeiert, in denen das Geheimnis Gottes in ihrem Leben aufgeleuchtet ist. Diese Geschichten lebten in ihnen von Kindheit an. Ihre Bilder und Symbole, die Personen und ihre Schicksale waren ihnen vertraut. Ihre Botschaft konnte und musste je neu aktualisiert werden. Wenn Menschen sich auf diese Geschichten einließen, wurden sie von ihnen mit auf den Weg genommen: auf den Weg, den Abraham und Sara, Mose und das Volk Gottes und viele andere vor ihnen gegangen waren. Von diesen Geschichten konnte man lernen, wie Glauben „geht".

Mit der Jesusüberlieferung ging es ähnlich. Am Anfang standen die Ursprungserfahrungen mit Jesus von Nazareth und das persönliche Glaubensbekenntnis der Augen- und Ohrenzeugen, ihr Bekenntnis zu Jesus Christus. Was sie weitergaben im Gottesdienst, im Glaubensgespräch, bei der Katechese oder in der Missionsverkündigung wurde da und dort aufgeschrieben und gesammelt. Später haben die Christen versucht, den gesamten Glauben in wenigen Sätzen zusammenzufassen. Das apostolische Glaubensbekenntnis ist bis heute die gebräuchlichste Zusammenfassung des Glaubens geblieben.

Die drei Abschnitte des Bekenntnisses waren ursprünglich Antworten auf die Fragen, die an die Taufbewerber gerichtet wurden. So werden auch heute noch alle Christen gefragt, wenn sie in der Feier der Osternacht ihr Taufversprechen erneuern. Das Taufversprechen ist vor allem Ausdruck des Vertrauens und der lebendigen Beziehung zu Gott. Zugleich ist es ein Lob- und Danklied auf Gottes barmherziges Handeln an uns Menschen. Deshalb wird es oft auch gesungen.

Wenn wir Christen gemeinsam unseren Glauben bekennen und Gottes Heilstaten an uns Menschen dankbar preisen, dann verbinden wir uns mit dem Glauben der ganzen Kirche und den Christen aller Zeiten. Im Rückgriff auf den alten Text des apostolischen Glaubensbekenntnisses wird es immer wieder notwendig sein, unseren Glauben im Wandel der Generationen auf neue Weise auszusagen und in unser Leben auszubuchstabieren. Die Erläuterungen zu den einzelnen Abschnitten des apostolischen Glaubensbekenntnisses sind ein Versuch in dieser Richtung.

Die Menschen binden ihre Glaubensbereitschaft heute weniger an Argumente als vielmehr an Erfahrungen und Impulse. Sie erwarten vor allem Lebensorientierung, Hilfen zur Bewältigung ihrer diesseitigen Existenznot und Lebensangst. Bei der Glaubensvermittlung sollte der spirituelle Bedeutungskern der Glaubensgeheimnisse zur Entfaltung kommen, damit Gott für den einzelnen Menschen lebendige Wirklichkeit, ein wirkliches Du wird. Die Erläuterungen zum apostolischen Glaubensbekenntnis verstehen sich deshalb als zusammenfassender Grundriss, der erst auf dem Hintergrund eines persönlichen und gemeinsam gegangenen Glaubensweges als Vergewisserung der Glaubensinhalte dienen kann.

Das Apostolische Glaubensbekenntnis

Ich glaube an Gott,
den Vater, den Allmächtigen,
den Schöpfer des Himmels und der Erde,

und an Jesus Christus,
seinen eingeborenen Sohn, unsern Herrn,
empfangen durch den Heiligen Geist,
geboren von der Jungfrau Maria,
gelitten unter Pontius Pilatus,
gekreuzigt, gestorben und begraben,
hinabgestiegen in das Reich des Todes,
am dritten Tage auferstanden von den Toten,
aufgefahren in den Himmel;
er sitzt zur Rechten Gottes,
des allmächtigen Vaters,
von dort wird er kommen,
zu richten die Lebenden und die Toten.

Ich glaube an den Heiligen Geist,
die heilige katholische/christliche Kirche,
Gemeinschaft der Heiligen,
Vergebung der Sünden,
Auferstehung der Toten
und das ewige Leben. Amen.

Ich glaube an Gott

Was heißt glauben?

„Einen Gott, den es gibt, gibt es nicht“, sagte der evangelische Theologe und Widerstandskämpfer Dietrich Bonhoeffer (1906–1945). Die Wirklichkeit Gottes ist tatsächlich weder experimentell noch mathematisch-logisch ableitbar. Gott kann nie einfach Objekt, ein Gegenstand sein. Mit Gott meinen wir die undefinierbare, unbegrenzbare Wirklichkeit, das unsichtbare, unermessliche, unendliche Geheimnis, den Ursprung und tragenden Grund „hinter“ aller Wirklichkeit.

Unsere theoretische Vernunft kann über Raum und Zeit hinausfragen; sie kann jedoch nicht mit mathematischer oder naturwissenschaftlicher Stringenz beweisen, was außerhalb des Horizonts unserer raumzeitlichen Erfahrung ist. In diesem Sinn bleibt unbeweisbar, sowohl dass Gott existiert als auch dass Gott nicht existiert.

Wenn du glaubst,
etwas ergriffen zu haben,
sagt Augustinus,
dann war es gewiss
nicht Gott.

Wenn du glaubst,
ihn in Zweifel zu ziehen
oder angreifen oder völlig
ablehnen oder leugnen zu müssen –

bist du sicher, dass es
wirklich Gott ist,
den du leugnest?

Lothar Zenetti

Ein Mensch, der nach manchen Zweifeln auf einen anderen Menschen sich in Liebe einlässt, hat, genau besehen, keine schlüssigen Beweise für sein Vertrauen, wohl aber gute Gründe. Ähnlich ist der Glaube an Gott ein Akt vernünftigen Vertrauens. Glauben ist weder ein rationales Beweisen noch ein irrationales Fühlen. Glauben ist nicht ein bloßes Fürwahrhalten von Sätzen, sondern in erster Linie ein Sicheinlassen des ganzen Menschen auf die Wirklichkeit Gottes selbst, auf ein Du. Entscheidend ist die personale Beziehung.

Glauben hat aber auch einen *Inhalt.* Christen und Juden sind der Überzeugung, dass Gott sich im Leben und in der Geschichte der Menschen gezeigt hat, dass er sich in der Sprache der Menschen geoffenbart hat. Sonst könnten wir ihn nicht wahrnehmen und verstehen. Die Väter und Mütter des Glaubens im alten Israel haben davon erzählt, wie sie Gott erfahren haben. Solche Geschichten wurden überliefert, um daran zu erinnern und sich zu vergewissern, dass Gott sich in der Geschichte der Menschen kundgetan hat und es immer wieder tut. Menschenworte übermitteln Gottes Wort. Gottes Wort findet sich in Menschenwort. Seine Heilsgeschichte spielt sich in der Geschichte der Menschen ab. Gott spielt in der Dramaturgie unseres Lebens mit.

Wir Christen glauben, dass Gottes Geschichte mit uns Menschen in Jesus Christus ihren Höhepunkt erreicht hat. Er ist Gottes endgültiges Wort: „Viele Male und auf vielerlei Weise hat Gott einst zu den Vätern (und Müttern) gesprochen durch die Propheten; in dieser Endzeit aber hat er zu uns gesprochen durch seinen Sohn“ (Hebr 1,1–2). Doch Gottes Geschichte mit uns geht weiter. Gott offenbart sich bis auf den heutigen Tag in und unter den Geschehnissen und Erlebnissen unseres Alltags. Weil Jesus Christus Gottes endgültiges Wort an uns ist, deshalb orientieren wir Christen uns an ihm, um unser Leben, um unsere Geschichte im Licht seines Evangeliums zu deuten und zu verstehen.

Aus dem, wie Gott sich im Leben und in der Geschichte der Menschen gezeigt hat, können wir erkennen, was ihm der Mensch bedeutet und wie er zur Welt steht. Das lässt sich in einzelnen Sätzen aussagen, die den Inhalt des christlichen Glaubens wiedergeben. Sie sind im Glaubensbekenntnis zusammengefasst.

Wer glaubt, d. h. wer versucht, sich auf die Wirklichkeit Gottes, auf ein Du einzulassen, wer verstehen will, wie er sich im Leben und in der Geschichte der Menschen gezeigt hat bis auf den heutigen Tag – wer so glaubt, will mit seinem Leben auch auf das antworten, was Gott geoffenbart hat. In diesem Bemühen werden wir spüren, dass Glauben nicht selbstverständlich und nicht verfügbar ist, dass man ihn nicht ein für alle Mal hat. Wie eine gute Beziehung gleicht er eher einem Geschenk, einem Du, das Geheimnis bleibt und sich meinen Interessen nicht unterordnet, für das ich Achtsamkeit aufbringe und das mir auch wieder entgleiten kann, wenn es aufhört, ein lebendiges Gegenüber zu sein.

den Vater, den Allmächtigen

Alle Bezeichnungen für Gott, auch das Wort „Vater" sind Analogien und Metaphern, Symbole und Chiffren, die seine Wirklichkeit mehr erahnen als erfassen können. Er lässt sich weder begreifen noch festlegen in Namen, Bildern, Begriffen und Definitionen. Als Menschen verfügen wir aber nun einmal nur über Namen und Begriffe etc., die unserer Erfahrungswelt entsprechen. Da „Vater" oder „Mutter" uns mehr sagen als „das absolute Sein" oder „der ewige Grund" o.ä. dürfen wir Gott ganz einfach als unseren „Vater" bezeichnen und ansprechen, der uns „Vater" und „Mutter" zugleich ist. In der Bibel gibt es mindestens so viele mütterliche wie väterliche Aussagen über Gott, z. B. das hebräische Wort für „barmherzig sein" oder „Erbarmen haben" *rachum* kommt von *raechem* und bedeutet Mutterschoß, d. h. Gott ist mit uns Menschen innerlich so verbunden wie eine Mutter mit ihrem noch ungeborenen Kind. „Erbarmen haben" ist also gleichbedeutend mit „mütterlich sein".

Auf der anderen Seite gibt es eine Urerfahrung des Göttlichen als ein Furcht und Zittern auslösendes Geheimnis, ein *mysterium tremendum.* Aber diese alles überwältigende Macht, wie sie z. B. das Gottesvolk am

Sinai erfahren hat (vgl. Ex 19,16–19), zeigt er nicht um seiner selbst willen, sondern allein im Blick auf den Menschen, der seine im Exodus gewonnene Freiheit nicht wieder verlieren soll.

Zu den Erfahrungen, die das Volk der Bibel mit seinem Gott gemacht hat, gehört auch, dass er auf der Seite der Menschen steht, die unterdrückt sind, und dass er sich für die Schwachen einsetzt, die keine Hilfe bekommen. Höhepunkt dieser Erfahrung ist die Offenbarung seines Namens: „Ich bin der, der für dich und für euch da ist, wann, wo, und wie immer es auch sei“ (vgl. Ex 3,14). Dieser Name ist Evangelium und Programm. Gott sagt dem Menschen, dass er ein Gott für den Menschen und für die Welt ist.
Auf die Frage nach Gottes Allmacht und dem Leid so vieler unschuldiger Menschen wird im Zusammenhang mit der Passion Jesu eingegangen.

den Schöpfer des Himmels und der Erde

Die beiden biblischen Schöpfungsberichte (Gen 1 und 2) beschreiben die Entstehung des Universums nicht auf naturwissenschaftliche Weise. Auch wussten die Menschen damals nicht um die Gesetze der Evolution. Die Sprache der Bibel ist keine naturwissenschaftliche Faktensprache. Sie will vielmehr in metaphorischer Bildersprache Tatsachen deuten, ein Glaubenszeugnis über den Ursprung des Universums geben, den die Naturwissenschaft weder bestätigen noch widerlegen kann. Man muss es also vermeiden, naturwissenschaftliche Erkenntnisse und religiöse Bekenntnisse miteinander zu vermengen. Die naturwissenschaftliche Erkenntnis der Evolution stellt den Glauben nicht in Frage, dass Gott der Schöpfer und Erhalter der Welt ist und eine besondere Beziehung zum Menschen hat. Nur das glaubende Ja zu einem Urgrund und Ursinn kann die Frage nach Ursprung und Ziel des Evolutionsprozesses beantworten und so dem Menschen Hoffnung auf eine letzte Gewissheit und Geborgenheit geben.

Nach den biblischen Schöpfungsberichten steht der Mensch als *Mann und Frau* im Mittelpunkt des Universums. Der Mensch ist gerade in seinem Gemeinschaftsbezug Bild Gottes. Gott hat die Welt nicht für sich, sondern für den Menschen geschaffen, damit er sie gestalte und bewahre. Darin verwirklicht sich unser Leben. Das ist unser Schöpfungsauftrag.

„*Was ist der Mensch, dass du an ihn denkst,*
des Menschen Kind, dass du dich seiner annimmst?
Du hast ihn nur wenig geringer gemacht als Gott,
hast ihn mit Herrlichkeit und Ehre gekrönt.
Du hast ihn als Herrscher eingesetzt
über das Werk deiner Hände“.

(Ps 8,5–7)

Für den biblischen Schöpfungsbericht ist zentral, dass der Mensch nach dem Bild Gottes geschaffen ist, ihm ähnlich und daraufhin angelegt, zu einer einzigartigen, unverwechselbaren Persönlichkeit heranzuwachsen.

Jeder einzelne Mensch ist ein unverzichtbarer Teil der Schöpfung. Die Gottebenbildlichkeit gibt uns ein Ansehen und eine Würde, die uns niemand nehmen kann. „Die Ehre Gottes ist der lebendige Mensch“ (Irenäus von Lyon). Dieser Lebenssinn zeigt sich uns, „wenn wir den Forderungen in unserem Innern in klarer Einsicht und treuer Beharrlichkeit nachkommen. Er allein kann unserem Einsatz und Wirken den Charakter des Unbedingten, der Einheit und der Fülle geben, trotz aller Gebrechlichkeit, Unvollkommenheit und menschlicher Bedingtheit“ (Marcel Légaut).

Die Urgeschichte der Bibel erzählt auch vom Sündenfall des Menschen, wie er zur Erkenntnis von Gut und Böse kommt. In der Vorstellungswelt der Hebräer ist die „Erkenntnis von Gut und Böse“ so etwas wie die Fähigkeit, mit gut und böse, d. h. mit schlechtweg *allem,* etwas machen zu können. Der Baum der Erkenntnis ist dann gleichsam die Grenze, die wir überschreiten, das Tabu, das wir brechen müssen, um die Möglichkeit zu haben, letztlich mit *allem* machen zu können, was wir wollen. Kein Wunder, wenn die Schrift sagt: das heißt „sein wie Gott“. Aber das ist nicht gut für den Menschen. Das überfordert ihn und führt unweigerlich in die Katastrophe, in den Untergang. Diese Warnung gibt Gott seinem Geschöpf mit auf den Weg. Aber das „wurmte“ den Menschen, bis er sich zu der Meinung versteigt, Gott wolle ihm etwas Wesentliches vorenthalten, und er schließlich seine Grenze überschreitet... Wir fügen Gott keinen Schaden zu, wenn wir seiner Warnung nicht folgen. Wir schaden uns selbst am meisten und sind für das Unheil, das wir angerichtet haben, verantwortlich.

In dem Schauspiel von H. Kipphardt „In der Sache J. Robert Oppenheimer" wird der Erfinder der Atombombe, J. R. Oppenheimer, von dem Journalisten Robb interviewt:

Oppenheimer: *Man macht von den brillanten Entdeckungen der neueren Naturwissenschaften einen ziemlich fürchterlichen Gebrauch. Die Kernenergie ist nicht die Atombombe... Sie kann Überfluss herstellen, erstmals. Ein Problem billiger Energie.*

Robb: *Sie denken an Goldenes Zeitalter, Schlaraffenland und diese Geschichten?*

Oppenheimer: *Ja, an Luxus. Zu unserem Unglück denkt man an einigermaßen gegenteilige Verwendungen...*

Robb: *Wollen Sie sagen, Doktor, dass Sie die Atombombe gebaut haben, um irgendein Schlaraffenland zu machen? Oder haben Sie sie gebaut, um sie zu verwenden und um mit ihr den Krieg zu gewinnen?*

Oppenheimer: *Wir haben sie gebaut, um zu verhindern, dass sie verwendet wird, ursprünglich jedenfalls... Um zu verhindern, dass sie von Hitler verwendet wird. Es stellte sich am Ende heraus, dass es ein deutsches Atombombenprojekt nicht gab. – Wir haben sie dann trotzdem verwendet...*

Robb: *Sagte der Bericht nicht, dass der Abwurf sehr erfolgreich war?*

Oppenheimer: *Er war technisch erfolgreich, ja... Wir Wissenschaftler sind in diesen Jahren an den Rand der Vermessenheit geraten. Wir haben die* ***Sünde*** *kennengelernt.*

Ich glaube an Jesus Christus, seinen eingeborenen (= einzig geborenen) Sohn, unsern Herrn

Nach dem Tod Jesu und nach bestimmten Erfahrungen mit ihm hat die erste Christengemeinde angefangen, Jesus als „Sohn Gottes" zu bezeichnen. Erst aufgrund der Ostererfahrungen erkannten sie, wer Jesus in Wirklichkeit ist. Das Matthäusevangelium fasst diese Einsicht im Bekenntnis des Petrus zusammen: „Du bist der Messias, der Sohn des lebendigen Gottes" (Mt 16,16). Im Johannesevangelium heißt es: „Gott hat die Welt so sehr geliebt, dass er seinen einzigen Sohn dahingab" (Joh 3,16). Am eindeutigsten ist das Wort: „Ich und der Vater sind eins." (Joh 10,30). Mit dem Titel „Sohn Gottes" bekannten die ersten Christen: In Jesus von Nazareth ist nicht nur Gott selbst gegenwärtig. Er ist auch der Herr, der Kyrios der Welt. Im Großen Glaubensbekenntnis der Kirche (Konstantinopel 381) heißt es:

„Wir glauben an den einen Herrn, Jesus Christus,
Gottes eingeborenen Sohn,
aus dem Vater geboren vor aller Zeit:
Gott von Gott, Licht vom Licht,
wahrer Gott vom wahren Gott:
gezeugt nicht geschaffen,
eines Wesens mit dem Vater.“

Im Volk Israel steht der Titel „Herr“ Gott allein zu: „Ich bin der Herr, und sonst niemand“ (Jes 45,5). Deshalb war es vielen gläubigen Juden nicht möglich, die ersten Christen zu verstehen. Wenn man Jesus „Herr“ nennt, ist er dann nicht Gott neben Jahwe? Wie die Verbindung von Gottheit und Menschheit in Jesus von Nazareth zu denken ist, ohne den Glauben an den *einen* Gott zu gefährden, und wie wir uns diese Menschwerdung vorstellen können, übersteigt unsere menschlichen Kategorien. Vielleicht ist die älteste Deutung dieses Geheimnisses, der urchristliche Hymnus aus dem Philipperbrief (Phil 2,6–11), die beste:

„(Jesus Christus) war Gott gleich,
hielt aber nicht daran fest, wie Gott zu sein,
sondern entäußerte sich und wurde wie ein Sklave
und den Menschen gleich.
Sein Leben war das eines Menschen;
Er erniedrigte sich und war gehorsam bis zum Tod,
bis zum Tod am Kreuz.
Darum hat ihn Gott über alle erhöht
Und ihm den Namen verliehen,
der größer ist als alle Namen,

damit alle im Himmel, auf der Erde
und unter der Erde
ihre Knie beugen vor dem Namen Jesu
und jeder Mund bekennt: ‚Jesus Christus ist der Herr‘ –
zur Ehre Gottes, des Vaters“.

empfangen durch den Heiligen Geist, geboren von der Jungfrau Maria

Mit diesen Worten umschreibt das Glaubensbekenntnis das Geheimnis seiner Herkunft: Er ist empfangen durch den Heiligen Geist, d. h. Jesus stammt *ganz von Gott* her. Sein Ursprung, seine Bedeutung, sein Geschick lassen sich nicht allein aus dem innerweltlichen Ablauf der Geschichte erklären, sondern sind für den glaubenden Christen letztlich aus dem Handeln Gottes zu verstehen. Er ist geboren von der Jungfrau Maria, d. h. Jesus ist *ganz Mensch* „in allem uns gleich außer der Sünde“ (Viertes Hochgebet, Konzil von Chalkedon, 451). Zum Menschsein gehört, dass wir unvollkommen, verwundbar und nicht allwissend sind. Jesus musste die Dinge des Lebens lernen wie wir. Wir dürfen davon ausgehen, dass es im Leben Jesu Entwicklung gab, dass ihm nach und nach deutlich wurde, was seine Berufung und was das Ziel seines Lebensweges ist. Beides also: „ganz von Gott“ und „ganz Mensch“ gehört untrennbar zusammen.

Von seinem Ursprung aus dem Geheimnis Gottes berichten die Vorgeschichten des Matthäus- und des Lukasevangeliums. Sie spielen dabei auf Aussagen des Ersten Testaments an. Wenn der Engel zu Maria sagt: „Der Heilige Geist wird über dich kommen und die Kraft des Höchsten wird dich überschatten“ (Lk 1,35), dann weist das zurück auf die Aussagen der Bibel vom Anfang der Schöpfung. Als Gott die Welt ins Dasein ruft, schwebt Gottes Geist über dem Wasser der Urflut (Gen 1,2). Was an Maria geschehen soll, ist eine neue Schöpfung: aus ihr wird Gottes Sohn geboren. Gott macht mit Jesus einen neuen Anfang für uns Menschen.

Die beiden Evangelien bezeichnen Maria als *Jungfrau.* Das ist zunächst eine theologische Aussage. Sie bedeutet so viel wie Offenheit, Empfänglichkeit für Gott. Damit ist noch nicht gesagt, ob Maria im biologischen Sinn als Jungfrau geboren hat oder nicht. Obwohl es nach beiden Evangelisten so aussieht, als sei Jesus ohne Zutun eines menschlichen Vaters empfangen, fällt doch auf, dass keiner von ihnen dem biologischen Aspekt Aufmerksamkeit schenkt. Ihnen geht es primär um die Offenbarung der Identität Jesu als Sohn Gottes. „Die Gottessohnschaft Jesu beruht nach dem kirchlichen Glauben nicht darauf, dass Jesus keinen menschlichen Vater hatte; die Lehre vom Gottsein Jesu würde nicht angetastet, wenn Jesus aus einer normalen menschlichen Ehe hervorgegangen wäre... Die Empfängnis Jesu bedeutet ..., dass Gott als Sohn in dem Menschen Jesus das Geschöpf Mensch an sich zieht, so dass er selber Mensch ‚ist‘“. (Josef Ratzinger, Einführung in das Christentum, ^{2}1968, S. 225).

Maria hat mit einem ungeheuer mutigen Ja-wort Gott ihr Einverständnis gegeben, und sie hat an diesem Jawort festgehalten durch alles Nicht-verstehen hindurch – auch im Leid. Sie war Gott auf eine Weise nahe wie kein anderer Mensch. Sie vertraute darauf: „Für Gott ist nichts unmöglich“ (Lk 1,37).

Der König und das Bettelmädchen

Es war einmal ein König, der liebte ein bettelarmes Mädchen. Niemand hätte es dem König verwehren können, das Mädchen zu heiraten. Niemand hätte auch nur gewagt, ein Wort dagegen zu sagen – offen oder im Geheimen. Es wäre ihm ein Leichtes gewesen, das bettelarme Mädchen in seinen königlichen Stand emporzuheben.

Doch in des Königs Herzen erwachte die Sorge, ob das Mädchen wohl dadurch glücklich werde. Er sprach zu niemand von seiner Besorgnis, denn hätte er es getan, dann hätte jedermann am Hofe gesagt: „Eure Majestät erweisen dem Mädchen eine Wohltat, für die sie Eure Majestät ihr Leben lang nicht genug wird danken können.“ Das hätte nur den Zorn des Königs erregt.

Einsam hegte er den Kummer in seinem Herzen: ob das Mädchen wohl so frei werden könnte, niemals daran zu denken, was der König vergessen wollte: dass er der König war und sie ein bettelarmes Mädchen gewesen. Denn geschähe dies, was wäre da der Liebe Glück! Dann wäre es besser, wenn sie in ihrem Winkel geblieben, zufrieden in der armen Hütte, aber freien Sinns in ihrer Liebe und frohgemut.

Weil der König das Mädchen liebte, gab es für ihn nur einen Weg: als Bettler dem bettelarmen Mädchen zu begegnen. Dabei dürfte der Bettelmantel kein bloßer Umhang sein, mit dem er sich tarnt, sondern er müsste wirklich Bettler, einer ihresgleichen werden...

„Denn das ist der Liebe Unergründlichkeit, nicht zum Scherz, sondern im Ernst und in der Wahrheit, gleicher Art mit dem Geliebten zu werden."

Sören Kierkegaard

Das Glaubensbekenntnis sagt nichts über die ganze Spanne des öffentlichen Lebens und Wirkens Jesu. Nach dem Satz über seine Herkunft spricht es sofort von seinem Ende. Von Passion, Tod und Auferstehung, von diesem Ende her soll der ganze Weg Jesu gesehen und verstanden werden:

Den Armen verkündete er die Botschaft vom Heil,
den Gefangenen Freiheit, den Trauernden Freude.
Um den Ratschluss des Vaters zu erfüllen,
hat er sich dem Tod überliefert,
durch seine Auferstehung den Tod bezwungen
und das Leben neu geschaffen.

(Viertes Hochgebet)

Das öffentliche Wirken Jesu, die Art seines Auftretens erregte Aufsehen bei den Menschen. Sie reagierten mit Staunen und Bestürzung, als sie merkten, hier spricht und handelt einer mit überzeugender Autorität, mit einer Vollmacht, die von Gott kommt, nicht wie die

Schriftgelehrten (vgl. Mk 1,22). Einige folgten ihm, andere lehnten ihn ab. Als Jesus anfing, Sünden zu vergeben wie es Gott allein zukommt, war das für einige Schriftgelehrte Gotteslästerung. Die Mahlgemeinschaft mit Menschen, die nicht nach der Tora lebten, brachten ihm den Vorwurf der Pharisäer ein: „Wie kann er zusammen mit Zöllnern und Sündern essen?“ (Mk 2,16). Als Jesus am Sabbat einen Behinderten heilte, fassten sie zusammen mit den Anhängern des Herodes Antipas den Beschluss, Jesus zu töten (Mk 3,6).
Sogar seine Verwandten distanzierten sich von ihm und behaupteten, er sei verrückt (Mk 3,21). Seine Gegner verbreiteten unter dem Volk die Meinung, er sei von einem unreinen Geist besessen (Mk 3,30), und die Leute aus seiner Heimatstadt Nazareth „nahmen Anstoß an ihm“ (Mk 6,3). Für viele wurde Jesus zum Stein des Anstoßes. Je mehr er sich Jerusalem näherte und je deutlicher sich für ihn die Konsequenzen seines Weges abzeichneten, desto weniger wurde er von seinen engsten Freunden und Jüngern verstanden, bis ihn dann schließlich einer aus ihrem Kreis verriet und an die religiös-politischen Führer des Volkes auslieferte.

Jesus war weder Priester noch ausgebildeter Theologe. Er hat aus einer tiefen Gotteserfahrung (Mk 1,11) und Gottverbundenheit gelebt und das Reich Gottes verkündet: „... dein Reich komme, dein Wille geschehe ...“ (Mt 6,10). Was Jesus mit diesem Zentralgedanken seiner Verkündigung meint, hat er in den Seligpreisungen und Antithesen der Bergpredigt und in den Gleichnissen verdeutlicht. Sie sind die Umsetzung der geheimnisvollen Wirklichkeit „Reich Gottes“ in einer uns Menschen verstehbaren Sprache. Die Evangelien schildern uns einen klarsichtigen, entschiedenen, furchtlosen und, wenn es darauf ankommt, unbeugsamen und streitbaren Jesus. Auch wenn er, wie bei der Tempelreinigung, prophetische Zeichenhandlungen setzte und die religiös-politischen Autoritäten damit aufs Äußerste provozierte (Mk 11,15–18), zielte seine Botschaft auf Gewaltverzicht. In seiner Güte und Menschenfreundlichkeit, im Heilen und Trösten, in seiner bedingungslosen Vergebung, in seiner Feindesliebe und seiner Bereitschaft zum Leiden war er revolutionärer als alle Revolutionäre. Anders als die Pharisäer, denen die Einhaltung der 613 Gebote und Verbote so wichtig waren, entsprach es seiner religiösen Grundhaltung, Gott gegenüber keine Leistungen zu verlangen, sondern ihm glaubendes Vertrauen entgegenzubringen. Kein Wunder, dass seine Einstellung schließlich eine tödliche Konfrontation zur Folge hatte.

gelitten unter Pontius Pilatus gekreuzigt, gestorben und begraben

Auf den Namen Maria, die Jesus das Leben geschenkt hat, folgt im Glaubensbekenntnis unvermittelt der Name seines römischen Richters Pontius Pilatus, der ihn auf die Anklage seiner jüdischen Gegner hin zum Tode verurteilt hat.

Die Konsequenzen seiner Selbst-Entäußerung *(kenosis)* in der Menschwerdung treten in der Passion Jesu

neu in ihrer ganzen Schärfe zutage und werden durch seine Gottheit weder aufgehoben noch gemildert.
Pontius Pilatus, von seinen Zeitgenossen als bestechlich und grausam geschildert, war von 26–36 römischer Statthalter von Judäa. Er verurteilte Jesus zur schmachvollsten und qualvollsten Art der Hinrichtung. Sie wurde an Sklaven und Nichtrömern als Strafe für Aufruhr und Hochverrat vollzogen. Durch die Kreuzigung erlitt der Verurteilte auch eine soziale Ächtung, die sein Andenken aus dem Gedächtnis der Menschheit tilgen sollte. Für jüdisches Denken galt ein Gekreuzigter nach Dtn 21,23 zudem als von Gott verflucht und verworfen.

Am Prozess Jesu vor den jüdischen Instanzen bleibt vieles ungesichert. Es kann sein, dass das Plenum des Hohen Rates kein förmliches Todesurteil ausgesprochen, sondern nur die Auslieferung an den römischen Statthalter (Prokurator) beschlossen hat. Jesus war den jüdischen Behörden ein Dorn im Auge, weil er anders von Gott redete als sie, weil er ihre Art, die Tora auszulegen, und die geläufige Praxis des Tempelbetriebs scharf kritisierte.
Für Pilatus konnte aber nur ein politischer Grund die Todesstrafe rechtfertigen. Die Kreuzesinschrift hat die Anmaßung eines Königtitels als Schuld festgehalten: „König der Juden“. So wurde Jesus als politischer Aufrührer verurteilt, obwohl er das gerade nicht war. Wer also trägt die Schuld am Tod Jesu? Juden und Heiden, religiöse Instanzen und weltliche Behörden haben – wie auch immer – zusammengewirkt, um Jesus zu be-

seitigen. Angesichts der ungeheuerlichen Schuldgeschichte der Christen gegenüber den Juden stellt das Zweite Vatikanische Konzil klar: eine Schuld des jüdischen Volkes am Tod Jesu ist spätere Deutung, nachdem die christliche Urgemeinde sich vom Judentum getrennt hatte. „Obwohl die jüdischen Obrigkeiten mit ihren Anhängern auf den Tod Christi gedrungen haben, kann man dennoch die Ereignisse seines Leidens weder allen damals lebenden Juden ohne Unterschied noch den heutigen Juden zur Last legen“ (Nostra aetate, 4).
Neben den Evangelien bestätigen zwei nichtchristliche Zeugen (Flavius Josephus, Jüdische Altertümer 18,64 und Tacitus, Annalen 15,44,3) den Kreuzestod Jesu. Die Hinrichtung geschah außerhalb der Stadtmauern von Jerusalem. Anhänger Jesu haben seinen Leichnam in einem nahen Felsengrab beigesetzt.

Das Kreuz ist für sich betrachtet eine Katastrophe, eine unheimliche Menschen- und Gottverlassenheit des Gottgesandten. Nur im Licht der Auferweckung Jesu kann im Nachhinein in Gottes offenkundiger Abwesenheit seine verborgene und mitleidende Anwesenheit glaubend angenommen werden.

Eine *vernünftige* Antwort auf die Frage, warum Gott diesen Tod und das ganze Leid der Welt nicht verhindert hat, gibt es nicht. Selbst die großen Geister der Menschheit haben dieses Urproblem nicht zu lösen vermocht. Aber kann etwa Unglaube in unschuldigem, unbegreiflichem, sinnlosem Leid trösten? An einem solchen Leid hat auch alle ungläubige Vernunft ihre Grenze. Im äußersten, sinnlosen Leid haben Juden die Gestalt des Ijob vor Augen: Gott ist und bleibt für den Menschen letztlich unbegreiflich, und doch ist es dem Menschen möglich, diesem unbegreiflichen Gott unbedingtes Vertrauen entgegen zu bringen. So haben ungezählte jüdische Opfer in der Hölle von Auschwitz darauf vertraut, dass es einen Sinn hat, das eigene Leid hinzunehmen, den Gott, der sie buchstäblich im Stich lässt, betend anzurufen und anderen Leidensgenossen, soweit noch möglich, beizustehen.

Für uns Christen gibt die Gestalt des leidenden und sterbenden „Gottesknechtes", des Schmerzenmannes aus Nazareth eine sinnvolle und tragfähige Antwort, aber nur aufgrund der im Glauben angenommenen Auferweckung Jesu durch Gott. Paulus fasst diese Antwort im ersten Brief an die Gemeinde von Korinth so zusammen:

„*Wir verkündigen Christus als den Gekreuzigten,*
für Juden ein empörendes Ärgernis,
für Heiden eine Torheit,
für die Berufenen aber, Juden wie Griechen,
Christus, Gottes Kraft und Gottes Weisheit"

(1 Kor 1,23)

Wie ist diese Antwort näherhin zu verstehen? Im Tod Jesu kommt Gott selbst an den Ort der äußersten Gottferne, erfüllt ihn mit seiner Gegenwart und stellt die Beziehung zum verlorenen Menschen neu her. Es kommt darauf an, zu erfassen, was der Mensch Gott bedeutet, wie kostbar er in seinen Augen ist, wie todernst er von ihm genommen wird. Gottes Zuwendung zu seinem Geschöpf ist bedingungslos und uneingeschränkt, so dass er buchstäblich nichts scheut und alles dran setzt, damit es heil und ganz werde: sein Bild und Gleichnis. Gottes Liebe und Zuwendung ist immer persönlich, individuell, konkret: Ich bin gemeint. Alle Vorstellungen von der Art, dass Gott den Kreuzestod Jesu und das grausame Opfer von Menschen fordert oder braucht, um seinen Zorn zu besänftigen oder seine verletzte Ehre wieder herzustellen, haben kein biblisches Fundament.

Gott versöhnt den Menschen mit sich. Nicht er braucht Versöhnung, sondern der Mensch (vgl. Röm 5,8–11). Gott hat aus Liebe und Erbarmen mit den Menschen seinen Sohn gesandt, um mit uns solidarisch zu sein (vgl. 2 Kor 5,17–20). Jesu Tod muss als Fortsetzung und integraler Bestandteil seines ganzen Lebens und Wirkens verstanden werden, gleichsam als der letzte Dienst an den Seinen. Insofern Jesus diesen Tod als letzte Konsequenz seines Lebens für andere verstanden und gewaltlos ertragen hat, kommt ihm eine erlösende Wirkung zu. Das Johannesevangelium betont ausdrücklich, dass Jesus seine Hingabe und Liebe als Dienst bis in den Tod in letzter Konsequenz lebt. So wie Jesus für die Menschen gelebt hat, so stirbt er auch für die Menschen (Joh 13,1). Sein Dienst bis in die äußerste Niedrigkeit hinein, wird in der Symbolhandlung der Fußwaschung deutlich und den Seinen als

Vermächtnis zugemutet: „Selig seid ihr, wenn ihr das wisst und danach handelt“ (Joh 13,14–17). So können sie mitwirken am Erlösungsgeschehen der Menschheit. In Jesu Leben und Sterben wird – wie in einem Spiegel – zugleich Gottes Zuspruch und Widerspruch zu unserer unerlösten, sündhaften Existenz sichtbar und erfahrbar.

„Es widerspräche der Gotteserfahrung und der Lebenspraxis Jesu zutiefst, sähe man im Opfer – schließlich im Kreuz – den Preis, den die Menschen oder der ‚Menschensohn‘ für Gottes gnädige Zuwendung zu zahlen haben... Der Gott Jesu Christi will das Leiden der Menschen nicht. Er sucht seine ‚Ehre‘ nicht auf Kosten der Menschen; er will sie vielmehr darin gewahrt sehen, dass die Menschen leben können. ‚Gloria Dei vivens homo‘ (= die Ehre Gottes ist der lebende Mensch) – diese Sentenz des Irenäus von Lyon bringt die Erfahrung eines Gottes auf den Begriff, der die Menschen nicht leiden und sterben, sondern leben sehen möchte; eines Gottes, der Partei ergreift für unverkürztes, erfülltes Leben ... Man ehrt den Gott Jesu Christi nicht, man lästert ihn, wenn man ihn zum Empfänger menschlicher Opfer herabwürdigt, zum Empfänger von Rückzahlungen in der ‚Währung‘ menschlichen Leidens. Man lästert ihn, wenn man in seinem Namen andere zum Opfer erniedrigt, als Sündenbock ‚opfert‘. Diesen Gott für die Menschen lebt Jesus, da er auf der Seite der Opfer zu finden ist und schließlich selbst geopfert wird: als ‚Sündenbock‘, als der endzeitliche Verführer – mit ihm sucht man die tödliche Gefahr zu beseitigen, die er dem Volk zu Bewusstsein bringen will.

Nicht Gott fordert dieses Opfer; die Sünde der Menschen fordert es, ihr fällt der Menschensohn zum Opfer. An ihm offenbart sie sich in ihrer tötenden Macht – als die Sünde der Menschen, deren zufälliges Instrument die den Tod Jesu betreibenden... Menschen wurden."

Jürgen Werbick

hinabgestiegen in das Reich des Todes

Diese Aussage kommt uns wie die von der „Himmelfahrt" Jesu im Gewand des antiken dreistöckigen Weltbildes (Himmel, Erde, Unterwelt) entgegen. Der Abstieg in das Reich des Todes wird in der ostkirchlichen Ikonographie und Liturgie gleichsam als erster Akt der Auferstehung verstanden. Mit dem „gekreuzigt, gestorben und begraben" hat Jesus sich bis zuletzt den Bedingungen einer endlichen Existenz in Raum und Zeit unterworfen, die er „danach" wieder verlässt oder, um im Bild zu bleiben „unter"schreitet. Was also „danach" geschieht, unterliegt anderen Gesetzen von Wirklichkeit und das zeigt sich auch in der Art und Weise, wie von diesem Auferstehungsgeschehen erzählt wird. In den ostkirchlichen Bildern hat der Auferstandene die Pforten zur Unterwelt aufgestoßen und entreißt mit machtvoller Gebärde die dort Gefangenen der Gewalt des Todes, um sie in das neue Leben, in die Freiheit seiner Auferstehung zu führen. So können wir den Abstieg ins Totenreich als Metapher, als Bild für die Heilsmöglichkeit aller Menschen verstehen, die sich der endgültigen Gemeinschaft mit Christus über den Tod hinaus nicht verweigern.

Der Abstieg Jesu in das Reich des Todes lässt sich aber auch mit dem Bild des Weizenkorns aus dem Johannesevangelium wiedergeben, das in die Erde gefallen nun Frucht zu tragen beginnt und zu neuem umfassenden Leben erwacht (Joh 12,24). Das im Kreuzestod ausgelöschte und der Erde überlassene Leben keimt neu „auf", um in den Herzen der Christen nicht nur in der Erinnerung, sondern vor allem in dem von seiner Gegenwart erfüllten Leben fortzuwirken. So ist der „Abstieg" zugleich die Wende vom individual-geschichtlichen zum universal-geschichtlichen Leben Jesu.

am dritten Tage
auferstanden von den Toten
aufgefahren in den Himmel;
er sitzt zur Rechten Gottes,
des allmächtigen Vaters

„Ein Grab greift tiefer
als die Gräber gruben.
Denn ungeheuer ist der Vorsprung Tod.

Am tiefsten greift das Grab,
das selbst den Tod begrub.
Denn ungeheuer ist der Vorsprung Leben."

Kurt Marti

Die Auferstehung Jesu ist so sehr der Mittelpunkt des christlichen Glaubens und der christlichen Botschaft, dass Paulus sagt: „Ist aber Christus nicht auferweckt worden, dann ist unsere Verkündigung leer und unser Glaube sinnlos“ (1 Kor 15,14).

Zum Zeitpunkt seines Todes hatten die meisten seiner Jünger Jesus verlassen und waren geflohen. Der ihnen so viel bedeutete und auf den sie so große Hoffnungen gesetzt hatten, war tot und wurde begraben. Doch bald nachdem das Passahfest vorüber war, kamen sie, die vor kurzem noch Angst um ihr Leben hatten, aus ihren Verstecken und verkündeten ohne Rücksicht auf das eigene Leben, dass Jesus lebt, dass er nicht im Tod geblieben ist und viele von ihnen ihn selbst gesehen und gehört hatten.

Das älteste Zeugnis für die Auferstehung finden wir in 1 Kor 15,3 ff. Paulus hat diesen Brief um 56/57 n. Chr. geschrieben, also zwischen 25 bis 30 Jahren nach Jesu Tod. Er teilt mit, was er selbst von anderen Zeugen des Auferstehungsglaubens übernommen hat. Dieser Glaube muss sich also schon vorher in einer Art Glaubensformel, einem vielleicht allerersten urchristlichen Bekenntnis niedergeschlagen haben. Paulus schreibt: „Vor allem habe ich euch überliefert, was auch ich empfangen habe: „Christus starb für unsere Sünden, wie es die Schriften gesagt haben, und wurde begraben. Er ist am dritten Tag auferweckt worden, gemäß der Schrift, und erschien dem Kephas, dann den Zwölf. Danach erschien er mehr als fünfhundert Brüdern zugleich; die meisten von ihnen sind noch am Leben, einige sind entschlafen. Danach erschien er dem Jakobus, dann allen Aposteln. Als letztem von allen erschien er auch mir..." (1 Kor 15,3 ff.)

Die Auferstehung Jesu bedeutet nicht Rückkehr in das alte menschliche Leben. Jesus begegnet seinen Jüngern vielmehr in einer neuen geistigen Leiblichkeit, in einer ganz anderen neuen Lebendigkeit, so dass sie Mühe haben, diese neue Erfahrung mit menschlichen Worten zu beschreiben.

Die Osterevangelien zeigen im Einzelnen:

- Jesus erscheint nur solchen Menschen, die über ihr Verstehen und Versagen hinaus innerlich mit ihm weiter verbunden sind.

- Der Auferstandene erscheint in einer ungewohnten und nicht einholbaren Fremdheit: Die Apostel, die Jünger und Jüngerinnen finden nicht mehr zu der alten Nähe zu ihm zurück. Sie erkennen ihn wieder und stehen trotz der langen Bekanntschaft in einer auffallend verhaltenen Beziehung zu ihm. Er ist jetzt anders, obwohl er derselbe ist.

- Das Kommen und Verschwinden des Auferstandenen ist plötzlich, ohne Erklärung, unvermittelt. Mehrfach entschwindet er gerade in dem Augenblick, in dem er erkannt wird. Bei der im Lukasevangelium berichteten Erhöhung (Lk 24,50 ff.) entzieht er sich den Jüngern, während er sie segnet.

- Der Auferstandene ermöglicht in diesen österlichen Begegnungen erst den Glauben an ihn. Er muss erst Furcht, Entsetzen, Zweifel und Unglauben überwinden, damit die Frauen und Jünger glauben können, dass er es ist, der ihnen begegnet. Der Auferstandene bekundet sich selbst und aus eigener Initiative und eröffnet ihnen seine neue Wirklichkeit.

- Die Osterberichte zeigen keine Trauer über die guten alten Tage der nomadenhaften Gemeinschaft mit Jesus. Das vorösterliche Zusammensein war für die junge Gemeinde kein verlorenes goldenes Zeitalter. Sie kehrten voll Freude in ihre Welt zurück (vgl. Lk 24,52).

- Wenngleich wir es in den Evangelien immer mit dem auferstandenen Herrn (Kyrios) und dem historischen Jesus zugleich zu tun haben und diese Spannung und dieses Ineinander nie ganz bewältigt werden kann, so wollen die Osterberichte doch in erster Linie eine tiefere Einsicht in seine neue Gegenwart im Geist vermitteln.

- Das Erscheinen Jesu zielt auf die Mitte der menschlichen Existenz, sowohl des einzelnen als auch der Jüngergemeinschaft, und durch deren Zeugenschaft auf die Öffentlichkeit der Welt. In diesen Erscheinungen übt der Herr seine Jünger und Jüngerinnen in den Dienst des Glaubens ein.
  Die Erscheinungen sind im Grunde nicht verstanden, wenn man sie primär als „private Erlebnisse“

deutet. Was sich vom Auferstandenen her ereignet, drängt zur Annahme des Gesehenen und Gehörten und zu seiner Aktualisierung in Leben und Verkündigung. Jede Erscheinung des Auferstandenen stellt in die Sendung.

So wollen die Ostererzählungen bei aller uneinholbaren Fremdheit und Unverfügbarkeit des Auferstandenen eine tiefere Einsicht in *seine neue Gegenwart im Geist* vermitteln, eine tiefe Erfahrung seiner unverbrauchten Treue zum Menschen hinterlassen.
Die Osterberichte haben alle einen Trend, ein Gefälle „nach vorn", wie es der Schluss des Matthäusevangeliums auf unüberbietbar verdichtende Weise vom Auferstandenen sagt:

„Mir ist die Gewalt gegeben
im Himmel und auf Erden.
Darum geht hin,
und macht alle Völker zu Jüngern,
und tauft sie auf den Namen des Vaters
und des Sohnes
und des heiligen Geistes
und lehrt sie alles halten,
was ich euch befohlen habe,
und siehe, ich bin bei auch alle Tage
bis ans Ende der Welt".

(Mt 28,20)

Die Erscheinungen des Auferstandenen enden bei Lukas mit seiner „Himmelfahrt".

Im neuen Testament ist nur bei Lukas von der *Himmelfahrt* Jesu die Rede. Er gebraucht damit ein damals bekanntes Vorstellungsmodell, um zu veranschaulichen, dass der Auferstandene zu Gott „geht". Erst die ebenfalls von Lukas stammende Apostelgeschichte kennt zwischen Ostern und Himmelfahrt eine Zeit von 40 Tagen, in der Jesus seinen Jüngern erschien und zu ihnen vom Reich Gottes gesprochen hat. Die Zeit von 40 Tagen ist eine Anspielung auf die 40 Jahre, die Israel von Gott durch die Wüste geführt wurde, um seine Sklavenmentalität abzulegen und sich in die Freiheit von Jahwes Weisung einzuleben.
Die 40 Tage erinnern auch an den Weg, den der Prophet Elija nach seinem Zusammenbruch durch die Wüste zum Gottesberg Horeb gegangen ist, um dort am Ursprung des Glaubens seines Volkes Gott auf ganz neue Weise zu erfahren und sich von ihm neu senden zu lassen. Nicht zuletzt sind die 40 Tage eine Anspielung auf die Zeit, die Jesus in der Wüste verbrachte, um sich auf seine Sendung vorzubereiten. Neben diesen Bedeutungsnuancen kann auch die Absicht des Lukas mitgespielt haben, die damals verbreitete Naherwartung zu korrigieren, d. h. den Glauben, dass Jesus noch zu Lebzeiten der ersten Jüngergeneration wiederkommen werde. Nach ihm haben nur die Jünger Ostern richtig verstanden, die nicht zum Himmel emporschauen, sondern in die Welt gehen und für Jesus Zeugnis ablegen.

Bei Matthäus versichert Jesus seinen Jüngern, dass er bei ihnen bleibt „alle Tage bis zum Ende der Welt"

(Mt 28,20). Am Ende des Markusevangeliums heißt es: Der Herr „wurde in den Himmel aufgenommen und setzte sich zur Rechten Gottes... Der Herr stand ihnen bei und bekräftigte die Verkündigung durch die Zeichen, die er geschehen ließ“ (Mk 16,19 f.)
Das Johannesevangelium sieht schon in der Kreuzigung Jesu den Beginn seiner Erhöhung in die Herrlichkeit des Vaters (vgl. Joh 12,32 f. und 17,4 f.).

An dieser unterschiedlichen Redeweise wird deutlich, dass alles, was nach dem Kreuzestod mit Jesus geschah, unsere menschlichen Vorstellungen übersteigt. Karfreitag, Ostern, Himmelfahrt und Pfingsten gehören zusammen. Diese Feste umfassen und umschreiben die eine Wirklichkeit des auferstandenen und erhöhten Herrn. Paulus schreibt an Timotheus: „Jesus ist in die Herrlichkeit aufgenommen“ (1 Tim 3,16), d.h. er hat Teil an Gottes Lebensfülle und Macht. Mit der bildhaften Aussage „Jesus sitzt zur Rechten Gottes, des allmächtigen Vaters“ glauben wir Christen, dass Jesus in Gottes Macht uns nahe ist, dass seine Heimkehr zum Vater ein Anfang für uns alle ist. Mit ihm haben wir eine Heimat im Himmel. „Von dort erwarten wir auch Jesus Christus, den Herrn als Retter, der unseren armseligen Leib verwandeln wird in die Gestalt seines verherrlichten Leibes“ (Phil 3,20 f.). Dieses Zuhause ist uns Verpflichtung und Hoffnung, in der Welt so zu leben, dass möglichst viele Menschen Hoffnung und Zuversicht gewinnen.

Seit Jahrtausenden glaubt ein großer Teil der Menschheit, vor allem die Religionen indischer Herkunft, an die Wiedergeburt. In dieser kurzen Stellungnahme geht es nicht um eine Darstellung und grundsätzliche Auseinandersetzung mit dem Gesetz von Karma und Wiedergeburt, sondern allein um die Frage nach der Vereinbarkeit von christlicher Hoffnung und der in unserer postmodernen abendländischen Neuzeit aktuell gewordenen westlichen Variante dieser Lehre. Ihr Grundgedanke lautet: „Ist im Menschen etwas potenziell Göttliches angelegt, so muss es sich... in Zeit und Raum so lange entwickeln, bis er seine wahre Natur verwirklicht hat... Da ein einziges Menschenleben in den meisten Fällen zu kurz ist... und da der Tod dem Menschen nicht automatisch die Erleuchtung bringt, bedarf es einer Reihe von Leben... Der Geist umkleidet sich mit immer neuen Hüllen, geht durch immer neue Erfahrungen hindurch, sucht nach immer besseren Ausdrucksmöglichkeiten, bis er schließlich aus allen Hüllen herausgewachsen ist und seine Unendlichkeit erkennt."

Alles Leben steht unter dem Gesetz des Karma, dem Gesetz von Ursache und Wirkung. Das gilt auch für das sittliche Leben, das von der gerechten Vergeltung, von Gut und Böse bestimmt wird. Aber das Gesetz ist nicht alles. Die Lehre von der Wiedergeburt schaut nicht nur zurück und versucht „unser jetziges, meist nicht zufriedenstellendes Leben durch das Gestern zu erklären", sondern auch und gerade nach vorn auf das Voranschreiten zur höchsten Verwirklichung „auf den Punkt, wo wir alle Fesseln sprengen und eins mit der

göttlichen Wirklichkeit werden“ (H. Torwesten).
Nach biblischem Verständnis ist die individuelle Geschichte eines Menschen und die allgemeine Geschichte der Menschheit in jedem ihrer Augenblicke etwas Einmaliges und Neues, das in seiner umfassenden Einheit zielgerichtet auf ein sie vollendendes Ende hinausläuft. Dieses Ende der Geschichte tritt für den Einzelnen im Tod ein, für die Menschheit im Ganzen im vollendeten Reich Gottes. Wir Christen glauben also, dass sich unser Schicksal in diesem *einmaligen* Erdenleben entscheidet und dadurch unsere personale Freiheit bei aller Bedingtheit und Relativität einen Wert hat, der auf Endgültigkeit angelegt ist. Diese Einmaligkeit und Endgültigkeit unseres menschlichen Lebens wird im Neuen Testament mit der Einzigartigkeit und Unwiederholbarkeit der Erlösungstat Jesu in Parallele gesetzt, die für jeden Menschen gilt. Wegen seiner einmaligen und endgültigen Bedeutung braucht das Leben eines Menschen sich nicht in immer neuer Gestalt zu erneuern. Die einmalige Geschichte bis zum Tod genügt, um zur Vollendung, zum ewigen Heil zu finden. Der Tod ist also das Ende unserer Geschichte und nicht nur Grenze zwischen verschiedenen geschichtlichen Existenzformen.
Nach christlichem Verständnis ist der Leib die konkrete Wirklichkeit, das Realsymbol der Seele. Als personales, geist-seelisches Wesen finden wir Menschen unsere Identität nur in diesem ganz bestimmten Leib, der als ganz persönliche Ausdrucksgestalt der Seele fungiert. Von daher ist die Vorstellung der Wiedergeburtslehre, dass die geist-seelische Dimension eines Menschen

den konkreten Leib wie eine Hülle einfach ablegen und sich immer wieder in eine neue Hülle begeben kann, kaum mit der jüdisch-christlichen Hoffnung auf die Auferstehung des Leibes zu vereinbaren.
Auch ist schwer auszumachen, worin die sittlich-verantwortliche Identität eines Menschen besteht, wenn ein durchgehendes Bewusstsein davon in den wechselnden Gestalten nicht gegeben ist.
Nicht zuletzt gehört zur christlichen Hoffnung, dass die Vollendung des Menschen durch die freie Annahme der barmherzigen und vollendenden Liebe Gottes geschieht. Keine noch so häufig wiederholte Bewährung in verschiedenen endlichen Daseinsformen kann dem Menschen seine volle Verwirklichung, sein Heil erwirken.

von dort wird er kommen, zu richten die Lebenden und die Toten

Die ersten Christen lebten in der Hoffnung, die Parusie, die Wiederkunft Christi noch zu erleben. Die Erwartung des Herrn prägte ihr Leben, ihr Gebetsruf hieß: Maranatha, d. h. Komm, Herr Jesus! Erst allmählich hat die junge Kirche erkannt, dass sie länger in dieser Welt leben muss und der Tag Christi nicht voraus berechnet werden kann. Sie erinnerte sich an das Wort: „Doch jenen Tag und jene Stunde kennt niemand, ...nur der Vater“ (Mt 24,36). Der Gedanke an die Parusie ist in der Kirche lebendig geblieben. Jedes Jahr im Advent besinnt sie sich auf die Ankunft Christi in Herrlichkeit und erneuert ihre Sehnsucht nach Erlösung und Vollendung durch Gott. Stand das erste Kommen Jesu im Zeichen einer bescheidenen Öffentlichkeit und des Scheiterns, so wird seine Parusie vor den Augen der ganzen Welt mit Macht und alles überstrahlender Herrlichkeit geschehen. Der Glaube an die Wiederkunft Christi ist von Anfang an mit der Vorstellung des endzeitlichen Gerichts verbunden. Während die Urkirche dem Kommen Christi mit freudiger Erwartung entgegensah und sich an das Herrenwort hielt: „Wenn all das beginnt, so richtet euch auf und erhebt eure Häupter, denn eure Erlösung naht" (Lk 21,28), hat der Gedanke vom Endgericht in der Folgezeit, vor allem an der Wende vom Mittelalter zur Neuzeit, eine starke Verdüsterung erfahren. Darstellungen über das „Jüngste Gericht", z. B. von Michelangelo in der Sixtinischen Kapelle und Dies-irae-Vertonungen z. B. von Hector Berlioz und Giuseppe Verdi haben als Folge der kirchlichen Verkündigung ein Gerichtsszenario und ein Gottesbild in den Herzen vieler Menschen hinterlassen, das sich weit vom Geist des Evangeliums entfernt hat.

Nach Paulus liegt die Schöpfung „bis zur Stunde" in Geburtswehen und ist mit dem Menschen zusammen unter dasselbe Todesjoch gebeugt, zugleich aber ist sie mit ihm zur endzeitlichen Freiheit der Gotteskinder berufen (Röm 8,18–23). Die Vollendung des Menschen mitsamt der Schöpfung steht also gegenüber dem Gericht im Vordergrund, ohne dass dies an Bedeutung verlöre. Das Ziel besteht darin, dass Gott die von der Macht des Bösen verunstaltete Schöpfung durch einen letztgültigen Eingriff vom Todesjoch befreit und ihrer Vollendung entgegenführt. Gott, der Vater des Erbarmens, wird alle Tränen von den Augen der Weinenden abwischen (vgl. Offb 21,4) und damit der Trauer der Welt ein Ende setzen. Er spricht das Schlusswort des Weltgeschehens und beendet alle Vergeblichkeit mit der Zusicherung: „Seht, ich mache alles neu". (Offb 21,5)

Der christliche Glaube unterscheidet sich von jeder pessimistischen oder resignativen Weltsicht: ohne die Verantwortlichkeit des Menschen für sein Tun und Lassen zu leugnen, ohne die Vergeblichkeit, das Leid und die Todverfallenheit geschöpflicher Existenz herunter zu spielen, weiß er darum, dass das letzte Wort im Leben des Einzelnen ebenso wie im Weltgeschehen nicht die Mächte der Gewalt und Vernichtung haben, sondern Gottes Kraft zur Gestaltung und Vollendung des Lebens.

„Ein Rabbi fragte einmal seine Schüler: Wann kann ich sagen: die Nacht ist vorüber und ein neuer Tag bricht an? Nach einer Weile antwortete einer: Wenn ich einen Maulesel von einem Schaf unterscheiden kann. Der Rabbi verneinte wortlos. Ein anderer meinte: Wenn ich eine Zypresse von einem Feigenbaum unterscheiden kann. Wieder verneinte der Rabbi mit einer wortlosen Geste und sagte dann zu allen: Wenn ich in das Antlitz eines Menschen schaue und ihn oder sie als meinen Bruder oder meine Schwester erkenne, dann ist die Nacht vorüber und ein neuer Tag bricht an."

So ist der Glaube an die Wiederkunft Christi Einladung zur alltäglichen Entscheidung gegen den Tod für das Leben, die jeder Mensch auf seine Weise zu treffen hat.

Zum christlichen Glauben gehört wesentlich „ein persönliches Verhältnis zu Jesus Christus in intimer Liebe personaler Art“ (Karl Rahner). Die Beziehung zu Jesus Christus ist nicht etwas, das dem Gottesglauben nachgeordnet wäre. Er ist der einzige Mittler zum Vater, der von Uranfang an ihm so unmittelbar nah und innig verbunden ist, dass er ihn immer schon schaut. Nur er kann uns Menschen das Geheimnis Gottes erschließen und uns zu ihm führen. Deshalb ist es für einen lebendigen Glauben unerlässlich, dass ein Mensch eine Beziehung zu Jesus Christus findet und sich auf ihn einlässt. Ein Weg dorthin ist der betende Umgang mit den Geheimnissen des Lebens und Sterbens Jesu und seiner Auferstehung, wie sie uns die vier Evangelien überliefern.

Ich glaube an den Heiligen Geist

Die Hl. Schrift spricht vom Geist Gottes z. T. in Bildern, die andeuten, wie er wirkt. Nach dem Schöpfungsbericht ist die *ruach elohim* (hebr.) jene schöpferische Kraft Gottes, die über den Wassern der Urflut schwebt, die alles in Bewegung setzt und alles in Bewegung hält. Sie ist der Atem Gottes, die den Menschen ins Dasein ruft und ihn im Dasein erhält. Machtvoll auf- und durcheinander wirbelnd wie ein gewaltiger Sturmwind ist sie ebenso kaum vernehmbar wie „eine Stimme verschwebenden Schweigens“ (M. Buber). Ungefragt überkommt sie Menschen und macht sie zu Propheten, zu Zeugen von Gottes Wort.

Die Evangelien zeigen Jesus in besonderer Weise als vom Hl. Geist erfüllt und geführt. Bei Lukas identifiziert er sich öffentlich als der verheißene Geistträger. Er weiß sich von Gott zum letzten endzeitlichen Propheten bestimmt. In den Abschiedsreden bei Johannes wird der Hl. Geist den Jüngern als Beistand verheißen, der sie in die volle Wahrheit des Evangeliums einführen wird und in dessen Kraft sie für Jesus Zeugnis ablegen werden. Der Geist ist die neue Gegenwart Jesu bei den Seinen nach seinem „Fortgang“ im Tod. Er verwandelt gleichsam die leibliche Abwesenheit Jesu in eine neue Anwesenheit und ermöglicht die Aktualisierung seiner Botschaft für neue Situationen und Herausforderungen.

Lukas kennt als Einziger unter den Evangelisten ein von Ostern zeitlich getrenntes Ereignis der Geistsendung, und zwar am jüdischen Erntefest (Schawuot), das am 50. Tag *(„Pentekoste“)* nach dem Passahfest die Offenbarung Gottes am Sinai feiert. Für Lukas ist Pfingsten der Tag, an dem der verheißene Geist Gottes auf die Jünger und Jüngerinnen herabkommt und so zur Geburtsstunde der Gemeinde von Jerusalem und der weltweiten Kirche wird, die in ihren verschiedenen Völkern und Sprachen, Nationen und Kulturen schon anfanghaft gegenwärtig ist.

Nach Paulus ist der erhöhte Herr zu einem „lebendig machenden Geist" geworden (1 Kor 15,45). Er ist der Geist, der „inspiriert" und freisetzt (2 Kor 3,17), d. h. er ist in der Existenz- und Wirkweise des Geistes und so gegenwärtig. Mit dem Geist ist die persönliche Nähe Gottes zum Menschen gemeint, so wenig zu trennen von Gott wie der Sonnenstrahl von der Sonne. In unserer Begegnung mit Gott, mit Jesus Christus und dem Heiligen Geist geht es um ein und dieselbe Begegnung. In der Dreifaltigkeitspräfation bekennt die Kirche: Mit deinem eingeborenen Sohn und dem Heiligen Geist bist du der *eine* Gott und der *eine* Herr.

Dem Geheimnis der *Dreifaltigkeit,* wie also der Glaube an den Einen Gott mit Vater, Sohn und Hl. Geist in Einklang gebracht werden kann und die Frage, in welchem Verhältnis sie zueinander stehen, nähert sich Gregor von Nazians mit verschiedenen Bildern. Eines davon ist die Quelle, deren Wasser sich zu einem Bach sammelt und schließlich zu einem Fluss wird. Quelle, Bach und Fluss unterscheiden sich deutlich voneinander und doch ist es ein und dasselbe Wasser, das alle durchströmt. Vielleicht ist es bei Gott ähnlich: Wir glauben, in ihm drei Personen unterscheiden zu können, aber alle drei durchströmt ein und dasselbe göttliche Wesen. Er ist ein Gott in drei „Personen".

In Gedanken über das Geheimnis des dreifaltigen Gottes versunken, ging der hl. Augustinus am Strand spazieren. Da sah er einen kleinen Jungen am Ufer spielen. Der hatte ein Loch in den Sand gegraben und war eifrig beschäf-

tigt, mit einer Muschel Wasser aus dem Meer dort hineinzuschöpfen. Augustinus schaute ihm eine Weile zu und wunderte sich, wie ernst der Junge bei der Sache war. Schließlich fragte er ihn: ‚Was tust du denn da?' Der Junge schöpfte emsig weiter. ‚Ich will das Meer ausschöpfen und es in dieses Loch füllen', sagte er. Der berühmte und gelehrte Bischof musste über diese Antwort lachen. ‚Das ist doch ganz unmöglich, was du da willst', meinte er. ‚Das Loch ist so klein und das Meer so unendlich groß!' Da schaute der Junge zu Augustinus empor und sagte: ‚Eher wird es mir gelingen, das ganze Meer in dieses Loch zu schöpfen, als dass du das Geheimnis des dreifaltigen Gottes begreifst!

die heilige katholische/christliche Kirche

Die Kirche ist, wie wir Menschen sind. Ich kann sie nur lieben, wenn ich sie auch in ihrer Menschlichkeit annehme und „ertrage". Zur empirischen, d. h. zur äußerlich wahrnehmbaren Seite der Kirche gehört eben auch, dass sie sündig ist, weil sie aus fehlbaren sündigen Menschen besteht. Aus der Kirchengeschichte und aus eigener Erfahrung wissen wir, wie Menschen hinter dem Auftrag zurückbleiben, der ihnen von Gott anvertraut ist. Trotz des Verlustes an Glaubwürdigkeit, den die Kirche durch ihr empirisch-gesellschaftliches Erscheinungsbild immer wieder erleidet, wirkt Gott in seiner Kirche. Das Geheimnis der Inkarnation setzt sich fort in der jeweils konkreten Kirche und kann nicht ohne Liturgie und Sakramente, ohne Grundvollzüge geistlichen Übens, ohne Ordnung und bestimmte Formen, ohne Traditionen und Institutionen gelebt werden. Dazu gehört auch ein Verständnis von Autorität in der Kirche als eine der Formen, unter denen der auferstandene Herr „bei den Seinen" bleibt. Es ist ein Symbol, das als Gabe seiner Gegenwart im Glauben angenommen sein will (vgl. Joh 21,15–19). Das verlangt natürlich von niemandem, offensichtliche Fehler und Sünden auf Seiten kirchlicher Autorität zu übersehen oder zu beschönigen. Auch die amtlichen Strukturen der Kirche haben Teil an der Anfälligkeit für das Böse und an der Sünde. Sonst hätten sie z. B. nicht über so lange Zeit „Gewalt im Dienst an der Wahrheit" ausgeübt.

So gibt es also neben der empirisch-gesellschaftlichen Gestalt der Kirche mit ihren Licht- und Schattenseiten eine mystische Seite, die nur im Glauben zugänglich ist. Aus der Sicht des 2. Vatikanischen Konzils bildet diese geheimnishafte Seite der Kirche und ihre empirisch-gesellschaftliche Seite „eine einzige komplexe Wirklichkeit", die sich mit der Menschwerdung Gottes in Jesus Christus analog vergleichen lässt, d. h. sie sind im Heiligen Geist untrennbar miteinander verbunden und bleiben bei aller Einheit grundsätzlich voneinander unterschieden („ungetrennt und unvermischt"). Nach diesem Kirchenverständnis werden also beide Seiten oder Dimensionen der Kirche nicht miteinander identifiziert. Sie stehen in Form einer symbolischen Beziehung zueinander: die äußerlich sichtbare Gestalt der Kirche soll Symbol und Sakrament ihrer inneren geheimnishaften Wirklichkeit sein. Das geschieht, wenn Menschen in der Nachfolge Jesu und im Gedenken an ihn – wo und wie und wann auch immer – zusammen kommen, um gemeinsam auf sein Wort zu hören, zu beten, im Feiern der Eucharistie, der Wendepunkte ihres Lebens, der Urbilder und Ursymbole des Glaubens (Sakramente und Feste des Kirchenjahres) Lebenshilfe und Sinngebung erfahren und daraus im Alltag handeln und Welt gestalten.

Aus der inneren Logik eines solchen konziliaren Kirchenverständnisses ergeben sich für ihre innere Einheit kommunikative Strukturen, die sich an den folgenden drei Kriterien zu orientieren haben: „am unbedingten Willen zu Einmütigkeit, zur Treue gegenüber der verbindlichen Vorgabe der Glaubensüberlieferung und zur glaubwürdigen Vermittlung des Glaubens in die jeweilige Situation hinein“ (Medard Kehl SJ).

„*Heilig*“ ist die Kirche in ihrer inneren geheimnishaften Wirklichkeit, die nur im Glauben erfasst werden kann. Diese unzerstörbare Wirklichkeit resultiert aus der Gegenwart des Auferstandenen im Hl. Geist „bei den Seinen“ bis zum Ende der Welt. „Heilig“ kann die Kirche auch dann genannt werden, wenn sie in Treue zu ihrem Ursprung in bestimmten konkreten Situationen und Menschen auch in ihrer äußerlich sichtbaren Gestalt als Sakrament Gottes, als Zeichen seiner Nähe erfahrbar wird. Die konkrete Kirche ist also heilig und sündig zugleich.

„*Katholisch*" ist die Kirche in der ursprünglichen Bedeutung dieses aus dem Griechischen stammenden Wortes: allumfassend, weltweit. Es meint einmal die Ausrichtung auf alle Menschen, Gruppen, Nationen, Rassen und Kulturen. „Geht zu *allen* Völkern und macht *alle* Menschen zu meinen Jüngern" (Mt 28,19). Zum andern bedeutet es die gesamte Kirche im Unterschied zu den Ortskirchen. Die Universalität von Glaube und Glaubensgemeinschaft der ganzen Kirche soll sich auch in den Ortskirchen widerspiegeln.
„Katholisch" bezeichnet also im Glaubensbekenntnis nicht eine Konfession. Die evangelischen Christen gebrauchen an dieser Stelle statt „katholisch" das Wort „*christlich*".

Gemeinschaft der Heiligen

Vom Neuen Testament her ist „Gemeinschaft der Heiligen" als die Gemeinschaft der Gläubigen zu verstehen, d. h. der Menschen, die teilhaben an dem *Heiligen,* an der nur im Glauben zugänglichen mystischen, sakramentalen Wirklichkeit der Kirche.
Diese erst im 5. Jahrhundert ins Apostolische Glaubensbekenntnis aufgenommene Formel meint aber auch die Gemeinschaft mit den Heiligen, also mit den Märtyrern und den übrigen Menschen, deren Leben bei Gott vollendet ist. Wir sind vor Gott eine große Solidargemeinschaft, die im Gebet miteinander verbunden ist. Die Heiligenverehrung resultiert ursprünglich aus der spontanen Verehrung der Gläubigen von bestimmten

Märtyrern und anderen vorbildlichen Gestalten des Glaubens, die man „Bekenner“ nannte. Erst mit der Zentralisierung der römischen Kirche seit dem 10./11. Jahrhundert nahm der Bischof von Rom sich das Vorrecht der Heiligsprechung („Kanonisierung“), um den Vorbildcharakter für andere eingehend zu prüfen und Missbräuche wie z. B. Reliquienhandel zu unterbinden.

Die Verehrung bestimmter Heiliger kann den Glauben stärken und ihm konkrete Lebensorientierung geben. Das wird z. B. sichtbar an den großen Gründergestalten wie Benedikt von Nursia, den man den Vater des Abendlandes nennt, Franz und Klara von Assisi und Ignatius von Loyola. Zudem kann die Geschichte gelebter Jesusnachfolge über die Zeiten hinweg eine tiefe Verbundenheit und Solidarität bewirken.

Vergebung der Sünden

Unmittelbar nach dem Geheimnis des Heiligen benennt das apostolische Glaubensbekenntnis das Geheimnis des Bösen: die Sünde. Sie ist auf dem Hintergrund einer recht verstandenen biblischen Anthropologie zu verstehen: Der Mensch ist nach dem Bilde Gottes geschaffen, ihm ähnlich, und er ist gerufen, zu der einmaligen Ganzheit zu wachsen, zu der er von Gott her angelegt ist. Paulus sagt im Römerbrief, dass Gott uns im Voraus erkannt und dazu vorausbestimmt hat, dem Bilde seines Sohnes gleich gestaltet zu werden (8,29). In dem Maß, als wir uns zu diesem Bild gestalten lassen, entsprechen wir unserer inneren Berufung, unserer Menschwerdung, zeigt sich unser Lebenssinn – trotz aller Gebrechlichkeit, Unvollkommenheit und menschlicher Begrenzung. Zum biblischen Bild vom Menschen gehört auch, dass er von seinem Ursprung her im Mittelpunkt der Schöpfung steht, d. h. an seinem Heil (Ganzwerdung) hat sich alle geschöpfliche Wirklichkeit zu relativieren. An diese ursprüngliche Ordnung hat Jesus seine Zuhörer immer wieder erinnert. Wenn es um das Heil des Menschen geht, hat er selbst in Synagogen das Sabbatgebot „verletzt" und damit deutlich gemacht, dass alle religiösen (kirchlichen) Gesetze, Normen und Überlieferungen ihre Geltung allein darin haben, den Menschen seiner ursprünglichen Bestimmung, Abbild Gottes zu sein, näher zu bringen. Von daher wird Sünde verstanden als die Verweigerung des Menschen, seinem ursprünglichen Lebenssinn zu entsprechen, seine eigene Freiheit zu gebrauchen, um Gott im eigenen Leben Gott sein zu lassen. Letztlich geht es um die Weigerung, sich von Gott lieben zu lassen.

In unserer modernen nachchristlichen Lebenswelt ist ein Sündenbewusstsein dieser Art abhanden gekommen. Stattdessen ist vielen Menschen eine tief sitzende Existenzangst zum unheimlichen Begleiter geworden. Das Ausmaß an Minderung und/oder Zerstörung eigener und fremder Lebensgrundlagen und -möglichkeiten wird allmählich sichtbar, wenn der Mensch *sich selbst* zum Mittelpunkt der Welt macht. Diese Selbstüberschätzung führt unweigerlich zu tiefgreifenden

Zerwürfnissen mit sich selbst und hat unabsehbare sozial-politische und ökologische Katastrophen zur Folge. Es gehört zum Wesen der Sünde, dass ihre Folgen sich nicht auf das Individuum eingrenzen lassen. Das gilt vom Beginn der Menschheit an. Durch die ganze Schöpfung zieht sich ein Riss von oben nach unten und von unten nach oben. Er geht mitten durchs eigene Herz. Wir können ihm nicht entgehen. Jeder von uns hat Teil an der Unheilsgeschichte der Menschheit. Sein Leben, seine Geschichte, seine konkrete Situation ist davon infiziert und real mitbestimmt. Wir sind in Unheilszusammenhänge hineingeboren, ohne dass wir etwas dafür könnten. Wir sind in Schuldzusammenhänge verstrickt, ohne dass wir sie selbst verursacht haben. Deshalb können wir der Schuld gar nicht ausweichen. Das ist unter Erbsünde oder Erbschuld zu verstehen.

Aus dieser Verstrickung können wir uns ebensowenig befreien wie aus dem, was wir in unserem Leben dieser Schuld- und Unheilsgeschichte hinzugefügt haben. Sünde und Schuld gehören zur „ganzen Wahrheit" unseres Lebens und „wir würden uns selbst betrügen, wenn wir sagen, wir hätten keine Sünde" (1 Joh 1,10). Der Riss, der durch die ganze Schöpfung und mitten durchs eigene Herz geht, öffnet sich auch dem Licht. Es gibt keine Abgründe im Menschen, keine Verstrickung in Schuld – so tief, dass sie nicht von Gottes Erbarmen umfangen und von seiner Vergebung eingeholt werden könnten.

Alle Selbsterkenntnis ist schädlich, wenn sie allein vom Menschen ausgeht. Sie stärkt und befreit, wenn sie von Gottes unverbrauchter Güte und bedingungsloser Treue zum Menschen verstanden und zugelassen wird. In Jesus von Nazareth hat sie ein Antlitz und eine konkrete Gestalt bekommen. Im Gekreuzigten wird die heilende und erlösende Gegenwart dessen sichtbar, der sich ohne Rück-sicht und ohne Vor-sicht für uns Menschen entschieden hat. Im Tod Jesu kommt Gott selbst in die äußerste Gottferne des Menschen, erfüllt sie mit seiner Gegenwart und stellt die Beziehung zu ihm neu her. Diese uneingeschränkte Zuwendung Gottes zu seinem Geschöpf scheut also buchstäblich nichts und setzt alles ein, damit das geschundene und entstellte Antlitz des Menschen heil und ganz werde, sein Bild und Gleichnis. Nur so kann sich die zerstörerische Dynamik der Sünde erschöpfen und deutlich werden, dass der Tod nicht das letzte Wort über den Menschen ist.
Wie die Folgen der Sünde sich nicht auf das Individuum einschränken lassen, so ist auch Umkehr keine Privatsache. Wo immer ein Mensch sich in die Gemeinschaft mit Gott zurückbringen lässt, kommt ein Stück Welt in Ordnung.

Die Sakramente der Kirche

Das Herzgeschenk

Rainer Maria Rilke ging während seines ersten Pariser Aufenthaltes allmittäglich in Begleitung einer sehr schönen jungen Französin, der Komtesse de X., an einer alten

Bettlerin vorbei. Sie saß diesseits der Gitterstäbe eines öffentlichen Gartens auf einem Mauerstück so da, wie später Barlach Bettlerinnen aus dem Holz herausgehauen hat: stumm, starr, unbeweglich; ja man ist versucht, zu sagen: unbeteiligt.

Sie sah zu keinem Geber, keiner Geberin auf. Sie bat um keine Gabe, sie dankte für keine Gabe. Hatte jemand ein Geldstück in die weit ausgestreckte Hand hineingelegt, dann holte sie diese zu sich zurück, ließ die Münze in ihrer Kleidertasche verschwinden und schickte die aufgetane Hand wieder von sich fort. Das war kaum noch eine Bettlerin, die vor dem Gitter auf dem Mauerrand Tag für Tag schicksalergeben hockte, sondern sozusagen das atmende Monument des Bettelns.

Die Komtesse versäumte niemals, die hingehaltene Hand der Bettlerin im Vorbeigehen mit einer Gabe zu bedenken, und zwar mit einer ansehnlichen Gabe. Rilke spendete nichts, keinen Sou. Die Französin, welche das überempfindliche Gemüt des Dichters wie kaum ein zweiter Mensch auf Erden zu kennen meinte, verwunderte sich darüber, je länger, desto stärker. Schließlich war sie ihrer Verwunderung nicht mehr mächtig. Sie sprach davon, wenn auch mit vorsichtigen Worten. Der zum Reden Gezwungene sagte: „Man müsste ihrem Herzen schenken, nicht ihrer Hand."

Am nächsten Mittag kam Rilke seiner Freundin mit einer kaum erblühten weißen Rose entgegen ... Über das Gesicht der Komtesse hinweg lief Freudenröte. Ah, dachte sie, eine Rose! Mir eine Rose! Von der Hand Rainer Maria Rilkes! Aber der Dichter schenkte seiner französischen Freundin die Rose nicht. Als die beiden Mittagswanderer

bei der reglosen Bettlerin angelangt waren, stand Rilke still. Und er legte die weiße Rose in die aufgetane Altfrauenhand. –
Da geschah, was niemals bisher geschehen war: die Bettlerin sah zu dem Geber empor. Mehr noch: sie stand auf, griff nach der Hand des fremden Mannes, küsste sie und ging mit der Dichterrose von dannen.
Am nächsten Tag mied Rilke die Straße der Bettlerin . Er schritt, begleitet von seiner Freundin, auf einem Umweg zu dem Café, in welchem er ein Glas Milch, seine ausreichende Mittagsmahlzeit, zu trinken pflegte. Die Komtesse konnte es sich nicht versagen, des Nachmittags allein durch die gemiedene Straße zu gehen. Nur, wie sie dem fragenden Herzen bedeutete, nur um der Bettlerin das ihr zustehende tägliche Geldgeschenk zu geben. Aber die junge Französin musste feststellen: die Gesuchte saß nicht auf ihrem gewohnten Platz vor dem Gartengitter. So blieb es am zweiten, vierten, sechsten, blieb es an jedem Tag der Woche: Rilke ging nicht durch die Straße der von ihm Beschenkten, die Komtesse stellte allmittäglich fest, dass die Bettlerin auf ihrem Mauerstück fehlte und mithin von niemandem mehr eine Gabe erbat.
Nach einer Woche ertrug die Komtesse das Schweigen nicht länger. Wie über ihre Verwunderung wegen des Nichtgebens, so wollte sie jetzt über die beängstigende Wirkung der Gabe des Dichters sprechen, und zwar schon sobald dieser – wie nun schon sechs Tage lang – an der Bettlerinstraße vorüberging. In jenem Augenblick jedoch, da die Französin mit der ersten Silbe einsetzte, bog Rilke in die von ihm seit einer Woche nicht betretene Straße ein.

Die Komtesse wandte einen Blick voll maßlosen Staunens zu dem Dichter hinüber. Rilke, der ihn auffing, sagte: „Jetzt können wir wieder allmittäglich hier entlanggehen." Die Komtesse war nur noch Frage. Rilke fuhr weiter fort: „Denn sie sitzt heute wieder auf ihrem Platz." Die Worte des Dichters bestätigten sich: auf dem Vorsprung der Mauer, die Hand weit ausgestreckt, saß die Bettlerin, wie sie immer gehockt hatte: stumm, starr, unbeweglich, unbeteiligt. Die Rilke-Freundin legte eine Münze in die ausgestreckte Hand, größer als je zuvor. Die Bettlerin sah nicht auf. Sie holte ihre Hand zu sich zurück, ließ das Geldstück in ihrer Tasche verschwinden und schickte die leere Hand wieder von sich fort. Rilke gab nichts –

Die französische Komtesse hatte sich keineswegs erkundigt, woher der deutsche Dichter wusste, obwohl er es nicht mit den Augen gesehen hatte – wusste, dass die Bettlerin sechs Tage ausblieb und am gleichen Wochentag, an dem sie seine seltsame Gabe empfing, wieder an ihren Platz zurückkehrte.

Aber eine andere Frage konnte sie nicht unterdrücken, diese: „Wovon hat sie all die Tage, da niemand Geld in ihre Hand legen konnte, gelebt?"

Rainer Maria Rilke antwortete: „Von der Rose."

Jene alte Frau hatte in dem Augenblick, als sie plötzlich die Rose in ihrer Hand spürte und zu dem Geber aufschaute, vielleicht das erste Mal in ihrem Leben das Gefühl, dass sie keine Bettlerin ist, dass sie eine Würde und ein Ansehen hat, dass es jemand gibt, der ihr mit großem Einfühlungsvermögen und Respekt begegnet,

dass sie in den Augen eines anderen eine liebenswerte Person ist. Jedenfalls muss diese Begegnung einen ungeheuren Eindruck bei ihr hinterlassen haben – so stark, dass sie davon leben konnte, solange bis die kaum erblühte Rose verging.
Auch wenn dieser Vergleich hinkt, scheint es mit unserem Glauben nicht so viel anders zu sein. Die Art, wie Jesus Menschen begegnet ist, muss für die, die zum Glauben an ihn kamen, einen unvorstellbaren Eindruck hinterlassen haben. Dieser Rabbi aus Nazareth, der Gottes Wort auf so überzeugende Weise auslegte, der Menschen heilte und ihnen half, für ihr Leben selbst Verantwortung zu übernehmen, muss sie auf unbeschreibliche Weise ergriffen haben. Sie mussten gespürt haben, dass sich in ihm, in seiner Person und seinem Wirken Gottes Nähe zu den Menschen auf nie dagewesene Weise kundtat.

Aber dieser Jesus war nicht mehr da. Die Nähe, die seine Jünger während seines irdischen Wirkens erlebt haben, war so nicht mehr gegeben. Dadurch bekam die Erinnerung an seine Worte und das, was sie mit ihm erlebt hatten, eine ganz neue Bedeutung für sie. ‚Brannte uns nicht das Herz, als er uns die Schrift erschloss und uns das Brot brach?' (vgl. Lk 24,29-30). Das gilt vor allem für das letzte Mahl vor seinem Leiden. Wenn sie in seinem Namen zusammenkamen, das Brot brachen und den Kelch teilten, erlebten sie, dass der Auferstandene auf geheimnisvolle Weise ihnen nahe war. Das Brotbrechen und Teilen des Kelches wurde zum Zeichen seiner geheimnisvollen Gegenwart unter ihnen. Die Feier seines Gedächtnisses in heiligen Zeichen und deutenden Worten ist das, was „*Sakrament*" letztlich bedeutet. Und davon konnte ihr Herz leben. Sie spürten, wie kostbar sie in seinen Augen waren. Der Tag der Auferstehung, der Sonntag, wurde ein ganz besonderer Tag für die Jüngergemeinde. Erfüllt von der Vergegenwärtigung der Heilstaten Jesu Christi in Wort und Sakrament konnten sie in den Alltag gehen. Im gemeinsamen Gedächtnismahl am Sonntag wird lebendig, dass Jesus Christus einlöst, was Gott den Menschen von Anbeginn zugesagt hat: Er will für uns da sein, wann und wo und wie es auch immer sei: ohne diese Mahlfeier hört Kirche auf, Kirche zu sein.

Seine Gegenwart wird auch in anderen Zeichen lebendig, die wir an entscheidenden Punkten unseres Lebens, an Lebenswenden feiern.

In der *Taufe* feiern wir Gottes Zusage am Beginn unseres Glaubensweges bzw. am Beginn des Weges, den wir als mündige Christen in der Gemeinschaft der Glaubenden, der Kirche gehen. Am Übergang zum Erwachsenwerden wird dem jungen Christen in der *Firmung* noch einmal bestätigt, dass Gott den Weg durch das Leben mitgeht, dass sein Geist in der Dramaturgie des Lebens mitspielt und ihn in die Verantwortung für sein Leben als Christ hineinstellt, damit es „in den Augen Gottes" gelingt. Die Salbung mit Chrisam soll ihn für dieses Leben stärken und ihn an Christus, den Gesalbten, erinnern. Bei der Erwachsenentaufe wird das Sakrament der Firmung unmittelbar anschließend

gespendet. Taufe, Firmung und Eucharistie sind die drei Sakramente, durch die ein gläubiger Mensch in die Kirche eingegliedert wird.
Bei den evangelischen Christen wird die volle Eingliederung in die Kirche mit Zulassung zum Abendmahl *Konfirmation* genannt.

Wenn zwei Menschen ihren Lebensweg gemeinsam fortsetzen wollen, um eine Familie zu gründen und Leben weiterzugeben, dann stellen sie im Sakrament der *Ehe* ihre Liebe und ihren gemeinsamen Weg unter Gottes ganz besonderen Segen, damit sie selbst einander und anderen zum Segen werden, besonders für die Kinder, die aus ihrer Ehe hervorgehen.

In gleicher Weise sichert Gott denen im Sakrament der *Weihe* seinen Beistand zu, die er in seinen spirituellen und pastoralen Dienst an den Menschen, am Volk Gottes, beruft. Sie sollen sich vor allem um die Einheit der Gemeinde(n) bemühen, damit sie Sakrament Gottes in der Welt sind.

Auch in Zeiten schwerer Krankheit, vor einer Operation oder ähnlicher existenzieller Bedrohung erinnert die Kirche im Sakrament der *Krankensalbung* daran, dass Jesus geheilt und Menschen in ihrer Not nicht allein gelassen hat. Wenn Heilung nicht mehr möglich ist, dann gibt Gott hier die Kraft, auch diese letzte Wegstrecke des Lebens zu bestehen.

Das Sakrament der *Buße* kündet von Gottes barmherziger Nähe und unverbrauchter Treue zum Menschen. Er macht niemand zum Gefangenen seiner Vergangenheit. Wie im Gleichnis Jesu vom barmherzigen Vater und seinen beiden ungleichen Söhnen möchte Gott alles von uns nehmen, was uns in der Gemeinschaft der Glaubenden daran hindert, zu der unverwechselbaren Persönlichkeit zu wachsen, zu dem Bild, das er sich von uns bewahrt hat.

Wie die kaum erblühte Rose in der Hand der Bettlerin brauchen wir als Menschen die Sakramente als Zeichen, die uns daran erinnern, wer wir in den Augen Gottes sind und wovon wir leben. Wer die Sakramente feiert und aus ihnen lebt, kann Gottes Nähe und Kraft spüren, als Christ selber Sakrament Gottes zu sein. Was wir im Zeichen und im Wort der Sakramente feiern, ist im Leben Jesu, in seinem Wirken und Wort vorgezeichnet. Daraus haben sich die verschiedenen Weisen, wie wir die Sakramente heute feiern, in einem jahrhundertelangen Prozess herausgebildet. Sie haben in der pastoralen Praxis der Kirche immer mehr Gestalt angenommen, um uns auf unserem Glaubensweg zu stärken.

Leitungs-vollmacht und -autorität in der Kirche

In der lateinischen Kirche hat das Papsttum erst ab dem 5. Jahrhundert die uns bekannten Formen angenommen. Wie kam es dazu? Ende des 4. Jahrhunderts war das Christentum Staatsreligion im Römischen

Reich geworden mit all den Gefahren für ihre Glaubwürdigkeit, die mit einem solchen Status verbunden sind. Seit 395 war das Imperium geteilt. Im Gebiet des oströmischen Reiches gab es die Patriarchate von Konstantinopel, Jerusalem, Antiochien und Alexandrien, im weströmischen Reich nur das von Rom. Als unter der Wucht und den Wirren der Völkerwanderung im Westen des Römischen Reiches die staatliche Ordnung zusammenbrach, entstand ein solches Machtvakuum, dass die Befehlshaber der gotischen Kampftruppen auf römischer Seite nicht einmal mehr autorisierte Verhandlungspartner treffen konnten. Die einzige Größe, die damals überhaupt in der Lage war, dieses Vakuum annähernd auszufüllen, war die Kirche mit ihrer an der Ordnung des Römischen Reiches orientierten Struktur und dem Bischof von Rom an ihrer Spitze. Die Geschichte drängte ihn in die Rolle eines weltlichen Herrschers über ein beträchtliches Territorium, um die staatliche Ordnung zu garantieren. Aus dieser Position heraus, Garant der weltlichen und geistlichen Autorität zu sein, hat das Papsttum im Laufe der Zeit jene Machtstrukturen aufgebaut, die wir aus der Geschichte kennen – mit all den Fehlentwicklungen und unseligen Verstrickungen. Dazu gehört auch, dass Bischöfe jahrhundertelang Territorialfürsten waren.

Dennoch: Trotz aller Anfälligkeit für das Böse ist das Papsttum unverzichtbar. In jeder Gemeinschaft braucht es Menschen, die zusammenführen, bei denen Entwicklungslinien zusammenlaufen, die in der Lage sind, zu inspirieren und zu motivieren: die an Wesent-

liches erinnern und Unverzichtbares auf den Punkt bringen. Dieser Dienst an der Einheit ist die eigentliche Aufgabe des Bischofs von Rom. Ein Amt, das Menschen verbinden und eine weltweite Gemeinschaft zusammenhalten soll, braucht auch eine verbindliche Sprache und die Fähigkeit, emotionale Schismen zu neutralisieren. Ohne Verbindlichkeit und geistlich gewachsene Autorität gibt es keine dauerhafte Stabilität. Es geht nicht ohne eine auf Gott gründende, also göttliche Vollmacht.
Seit jeher war es Aufgabe des Petrusamtes, bei Streit- und in Zweifelsfällen des Glaubens zu schlichten und festzustellen, was mit dem Evangelium Jesu und der apostolischen Tradition der Kirche übereinstimmt und was nicht. Die Unfehlbarkeit des Papstes gilt nur in Rückbindung an das Bischofskollegium und die Gesamtheit der Glaubenden und nur in einem ganz engen Rahmen, nämlich dann, wenn er ganz ausdrücklich vom Bischofsstuhl des Bischofs von Rom aus (ex cathedra) – in Glaubens- und Sittenfragen – eine Entscheidung trifft. Sie ist Zeichen für die Treue Gottes in Christus, der seinen Beistand der Gemeinschaft der Glaubenden als Trägerin und Mittlerin der geschichtlichen Offenbarung verheißen hat. So steht das Lehramt nicht über dem Wort Gottes, sondern dient ihm (Vat. II: Verbeum Die, Nr. 10). Die Sprache der Formulierung ist geschichtlich bedingt und vom Weltbild der Menschen geprägt.
Es darf auch nicht übersehen werden, dass neben und außerhalb der verheißenen und geschenkten Unfehlbarkeit mit menschlichen Irrtümern und Trugschlüs-

sen in der Kirche zu rechnen ist. Im Blick auf die Geschichte gab es immer wieder Überzeugungen und Verhaltensweisen, die eindeutig verwerflich waren und im Widerspruch zum Geist des Evangeliums standen. Von daher ist die Möglichkeit kollektiver Irrtümer nicht auszuschließen.

Ich glaube an die Auferstehung der Toten

Unerbittlich hart beschreibt Simone de Beauvoir in ihrem Buch „Ein sanfter Tod“ die einzelnen Phasen des Sterbens ihrer krebskranken Mutter, und sie setzt ihrem Buch den Ausspruch voran: „Geh nicht einfach vornehm hinein wie in eine gute Nacht. Du solltest wutentbrannt sein, wenn der Tag zur Neige geht. Rasen solltest Du und Dich aufbäumen wider das Gesetz vom Tod des Lichtes.“ Diese Aufforderung ist überzeugend und hoffnungslos zugleich. Wer kann sich schon damit abfinden, ein endliches Wesen zu sein. Jeder Mensch trägt Merkmale des Endes an sich. Er muss vergehen. Krankheit, Gebrechlichkeit und Tod sind dafür schmerzlich-unerbittliche Zeichen. Andererseits gibt es im Leben Augenblicke des Glücks: Erfahrungen von Harmonie und Geborgenheit, von Freiheit und Erkenntnis, von Kreativität und tiefem Glück, von Liebe und Vergebung, von Angenommensein und geliebt werden... Eine Vorahnung des Lebens, auf das wir zugehen?

Die christliche Botschaft von der Auferstehung der Toten durchbricht das Gefälle vom Tod als einem Verlöschen ins Nichts: „Was gesät wird, ist verweslich, was auferweckt wird, unverweslich. Was gesät wird, ist schwach; was auferweckt wird, ist stark. Gesät wird ein irdischer Leib, auferweckt ein überirdischer Leib“ (1 Kor 15,42–44). Unser Personkern wird von Gott in eine ganz neue Lebensform hineingenommen. Unser Leib existiert jenseits aller Vergänglichkeit. Zum besseren Verständnis können die Osterberichte der Evangelien beitragen. Sie sprechen von Jesu Leib mit den Wundmalen. Sie erzählen vom Essen und Trinken, Kommen und Gehen des Auferstandenen. Damit wollen sie bezeugen: Derselbe, der am Kreuz gestorben ist, lebt. Dabei darf man nicht übersehen, dass die Szenen, die davon sprechen, wie die Jünger den Auferstandenen in seiner Greifbarkeit schauen, lediglich verdeutlichende Bilder für die Tatsächlichkeit seiner Auferstehung sind und keine näheren Auskünfte über seine Existenzweise geben. So können wir nicht ausmachen, was genau hinter der Schwelle des Todes auf uns wartet, noch bevor wir sie überschritten haben. Genau so wenig wird sich ein Kind, das noch nicht geboren ist, unser jetziges Leben außerhalb des Mutterleibes vorstellen können. Dass wir als leibhafte, vergängliche Menschen als unvergängliche in Gottes neue Wirklichkeit gleichsam hineingeboren werden, gehört zu den beglückendsten Verheißungen, die unser Glaube kennt.

und das ewige Leben

Die Bilder der Bibel, die vom Ende, von der Vollendung, dem ewigen Leben sprechen, verheißen eine Neuschöpfung, einen neuen Himmel und eine neue Erde.
„Und ich sah einen neuen Himmel und eine neue Erde; denn der erste Himmel und die erste Erde sind vergangen, und das Meer ist nicht mehr... Seht die Wohnung Gottes unter den Menschen! Er wird bei ihnen wohnen, und sie werden sein Volk sein; und er, Gott wird alle Tränen von ihren Augen abwischen, und der Tod wird nicht mehr sein, keine Trauer, keine Klage, keine Mühsal; denn was früher war, ist vergangen... *Seht, ich mache alles neu.* (Offb 21,3 ff.)
Im Bild dieser alles umfassenden Synthese wird auch das unermessliche Leid, das die Menschheit auf ihrem Weg durch die Zeit durchgemacht hat, nicht überspielt.

Die Vorstellung von der Vollendung des Menschen und der gesamten Schöpfung stößt auf unüberwindliche Grenzen: „... Was kein Auge gesehen und kein Ohr gehört hat, was in keines Menschen Herz gekommen ist, das hat Gott denen bereitet, die ihn lieben" (1 Kor 2,9).

Die Vision vom höchsten Hoffnungsziel der Menschheit, vom ewigen Leben, ist zugleich Inspiration und Verantwortung für eine humanere Welt. Biblisch gesprochen: für das Reich Gottes. Alles, was Menschen in der Nachfolge Jesu durch Gottes Geist leben und einsetzen, leiden und sterben, verändert das Antlitz der Erde in seinen kleinen Anfängen hier – bis es sich vollendet in Gottes Neuschöpfung am Ende unserer Zeit.

Amen

Das Glaubensbekenntnis endet mit dem „Amen". Wenn Glaubende und Suchende sich im Geglaubten wiedererkennen, wenn sie von ihm in ihrer Wesenstiefe angesprochen werden und wenn sie darin die Antwort auf ihre Sinnfrage finden, dann können sie das „Amen" als Ausdruck ihres Vertrauens in der Gestaltung des eigenen Lebens bekräftigen. „Glauben heißt ... vor allem, sich von dem Geglaubten ergreifen und in das Licht seiner Wahrheit führen zu lassen" (Eugen Biser).

Die Erneuerung des Taufversprechens

P.: Glaubt Ihr an Gott,
den Vater, den Allmächtigen,
den Schöpfer Himmels und der Erde?

A.: Ich glaube

P.: Glaubt Ihr an Jesus Christus,
seinen eingeborenen Sohn, unsern Herrn,
der geboren ist von der Jungfrau Maria,
der gelitten hat und begraben wurde,
von den Toten auferstand
und zur Rechten des Vaters sitzt?

A.: Ich glaube

P.: Glaubt ihr an den Heiligen Geist,
die heilige katholische Kirche,
die Gemeinschaft der Heiligen,
die Vergebung der Sünden,
die Auferstehung der Toten
und das ewige Leben?

A.: Ich glaube

Aus der Feier der Osternacht

Das Vaterunser

Das Vaterunser
ist ein Kompendium
des ganzen Evangeliums

Tertullian, gest. 220

Einführung

In der frühen Kirche wurde das Vaterunser den Täuflingen vor der Taufe feierlich übergeben und nach der Taufe von ihnen als erstes Gebet gesprochen. Es bildete den Abschluss des Taufgeschehens und wurde stehend verrichtet. So stehen das Glaubensbekenntnis und das Vaterunser auch von der Taufliturgie her in einem inneren Zusammenhang: Das Bekenntnis mündet in das Gebet des Herrn und dieses setzt das Bekenntnis voraus.

Das Vaterunser ist uns in zwei Fassungen überliefert, die hier möglichst nahe am griechischen Urtext wiedergegeben werden:

Unser Vater in den Himmeln,
geheiligt werde dein Name.
Es komme dein Reich.
Es geschehe dein Wille
wie im Himmel, (so) auf Erden.
Unser nötiges Brot gib uns heute
und vergib uns unsere Schulden,
wie auch wir vergeben haben
unsern Schuldnern,
und bring uns nicht in Versuchung,
sondern errette uns von dem Bösen.

Mt 6,9–13

Vater
geheiligt werden dein Name.
Es komme dein Reich.
Unser nötiges Brot gib uns täglich
und vergib uns unsere Sünden
denn auch wir vergeben jedem,
der uns schuldig ist,
und bring uns nicht in Versuchung.

Lk 11,2–4

Außerdem ist noch eine mit der Matthäusfassung eng verwandte Variante in der Didache (Zwölf-Apostel-Lehre) überliefert (Did 8,2).

Bei Matthäus finden wir das Vaterunser im Rahmen der Bergpredigt (Mt 5–7). Lukas bringt das Herrengebet zu Anfang einer aus mehreren Einzelelementen komponierten Gebetslehre (Lk 11,1–13) als eine besonders wichtige Jüngerunterweisung auf dem Weg nach Jerusalem. Hier – irgendwo unterwegs – erleben die Jünger Jesus im Gebet. Diese Erfahrung beeindruckt sie so tief, dass in ihnen die Sehnsucht nach einer ähnlich innigen persönlichen Beziehung zu Jahwe geweckt wird, wie sie ihnen an Jesus aufgeleuchtet ist.

Schon früh hat sich die Version des Matthäusevangeliums durchgesetzt und wurde von der gesamten Christenheit übernommen.
Zur Zeit der Didache, also etwa zu Beginn des 2. Jahrhunderts, soll das dreimalige Beten des Vaterunsers zur täglichen Gebetspraxis der Christen gehören (Did 8,3). Nach Augustinus vergeht kein Tag, an dem die Christen dieses Gebet nicht verrichten.

Das Vaterunser

Vater unser im Himmel,
geheiligt werde dein Name,
dein Reich komme,
dein Wille geschehe,
wie im Himmel so auf Erden.
Unser tägliches Brot gib uns heute;
und vergib uns unsere Schuld
wie auch wir vergeben unsern Schuldigern;
und führe uns nicht in Versuchung,
sondern erlöse uns von dem Bösen.

Denn Dein ist das Reich
und die Kraft
und die Herrlichkeit
in Ewigkeit.

Amen

Vater unser im Himmel

Mit seiner Vater-Anrede nimmt Jesus seine Jünger und Jüngerinnen gleichsam in sein eigenes Gottesverhältnis hinein, in diese einzigartige Ich-Du-Beziehung, die ihn mit seinem himmlischen Vater verbindet. Jahwes Wirklichkeit, die Jesus „Vater" nennt, umfasst auch die mütterliche und weibliche Seite Gottes. Alles genuin Väterliche und Mütterliche hat in Gott seinen Ursprung. Mit der Vater-Anrede eröffnet uns Jesus den Zugang zum Herzen Gottes. Sie vermittelt einerseits familiäre Nähe, andererseits ehrfürchtige Distanz, ein Gespür, dass Gott Geheimnis ist. Sie sammelt unser Herz, unser ganzes Sein auf dieses „Du" wie in einem Brennpunkt und führt uns über uns selbst hinaus.

Bei der Taufe Jesu öffnete sich der Himmel, als er betete, und Gott selbst bekannte sich zu ihm als seinem geliebten Sohn, dem sein ganzes Wohlwollen gilt (Mk 1,11). Die Gewissheit, Gott als liebenden Vater zu haben, setzt einen neuen Anfang und macht deutlich, wie Gott in Jesus zu allen Menschen eine neue Beziehung aufnimmt. Das Gebet des Herrn macht gleich zu Anfang deutlich, dass es nicht vereinbar ist mit einem Gottesbild, dem man nur mit Forderungen und Drohungen, mit eigenen Leistungen und moralisch-aszetischen Anstrengungen entsprechen kann. Paulus schreibt der jungen Gemeide in Rom: Ihr habt doch nicht den Geist der Knechtschaft empfangen, so dass ihr euch auf's Neue fürchten müsst. Vielmehr habt ihr den Geist empfangen, der euch zu Söhnen und Töch-

tern macht, in dem wir rufen: Abba – Vater! (vgl. Röm 8,15)
Das Wort „unser“ schließt uns mit allen Brüdern und Schwestern im Glauben zusammen. Das Vaterunser bringt uns also in Beziehung zum Vater Jesu Christi und zu den Mitmenschen als unseren Brüdern und Schwestern. Die Worte „im Himmel“ unterstreichen, dass Gott Geheimnis bleibt, – oft ein leidvoll unbegreifliches Geheimnis, auch wenn er uns liebend umfängt oder – wie Augustinus sagt – uns näher ist, als wir uns selbst sein können.

Im Gleichnis vom barmherzigen Vater und seinen beiden ungleichen Söhnen (Lk 15,11–32) charakterisiert Jesus, wie Gott den Menschen Freiheit gibt und sie respektiert, auch wenn sie Wege gehen und aus Einstellungen leben, bei denen sie sich selbst verlieren. Bei der Heimkehr des jüngeren Sohnes wird der Vater bis ins Innerste von seinem Anblick schmerzlich getroffen, so dass er ihm entgegen läuft, ihn in seine Arme schließt und küsst. Er umarmt die tiefste Verlorenheit seines Sohnes, alles, womit er sich von ihm und von sich selbst entfremdet hat, und setzt ihn wieder in seine vollen Sohnesrechte ein. Festgewand, Ring und Schuhe, auch die Vorbereitung eines Festmahles mit Musik und Reigentanz symbolisieren das. Nicht weniger schmerzlich berührt ihn, dass sein älterer Sohn sich die Liebe seines Vaters verdienen wollte. Viele Jahre hat dieser ihm wie ein Sklave gedient, nie ein Gebot übertreten, all seine Weisungen befolgt und nie etwas für sich und seine Freunde beansprucht. Er hat nie als

Sohn gelebt und nie aus eigener Initiative gehandelt, obwohl der Vater auch ihm seinen Anteil am Vermögen gegeben hat. Seine Einstellung, sich die Liebe des Vaters verdienen zu wollen, hat ihn unfrei gemacht und innerlich vom Vater, von der Freude am Leben, ja von sich selbst entfremdet. So blieb er heimatlos und beziehungslos in seiner eigenen Familie. Für den Vater bleibt der ältere Sohn aber sein „Kind"! Er erinnert ihn an seine Identität und seine Sohnesrechte, die er nie verloren hat. Der Vater wünscht nichts sehnlicher, als dass der Ältere den ganzen Reichtum seiner Sohneswürde entdeckt und die Freude darüber ihn überwältigt, so dass er teilnehmen kann an dem Fest, das der Vater auch für ihn vorbereitet hat. Er überlässt aber dem älteren Sohn die Entscheidung. Nur eine Antwort aus Liebe kann ihn freisetzen.
Wie Jesus seine Beziehung zum Vater bis zuletzt gelebt hat, zeigt sich in der Not seines eigenen Sterbens: „Vater, in deine Hände lege ich meinen Geist." Es ist das Abendgebet seines Lebens, das er zurückgibt in die Hände des Vaters.

Zentral ist, dass wir uns bei der Vater-Anrede persönlich davon berühren lassen und Freude darüber empfinden, mit unserem Leben in einem so faszinierenden Sinnzusammenhang zu stehen.

Geheiligt werde dein Name

Mit der ersten Bitte um die Heiligung des Gottesnamens kommt das große Ziel jedes Menschenlebens und der ganzen Menschheitsgeschichte in den Blick: die Verherrlichung Gottes. Auf alttestamentlichem Hintergrund bezeichnet der *Name* gewissermaßen die „Außenseite“ Jahwes, seine sich dem Menschen offenbarende Wirklichkeit. Durch kein Wort wird Gottes Name vollkommener geheiligt als durch die Anrede „Vater“. Sie ist Ausdruck unserer christlichen Mündigkeit. Wenn wir also beten „geheiligt werde dein Name“, bitten wir Gott, seinen Willen in unserem Leben, in unserer Geschichte zur Geltung zu bringen, bis die irdischen Verhältnisse dem Reich Gottes und seiner Gerechtigkeit entsprechen, und so seine Herrschaft zur Vollendung kommt.

In der Bitte um die Heiligung des Gottesnamens sprechen wir die Sehnsucht aus, dass wir uns von Gott bis ins Herz hinein erfassen und wandeln lassen, so dass unser Leben an seine Gegenwart erinnert und wir den Auftrag Jesu erfüllen: „Ihr seid das Licht der Welt. Eine Stadt, die auf einem Berg liegt, kann nicht verborgen bleiben ... So soll euer Licht vor den Menschen leuchten, damit sie eure guten Werke sehen und euren *Vater im Himmel preisen*“ (Mt 5,14.16).

Zentral kommt also in dieser Bitte unsere Sehnsucht zum Ausdruck, dass Gott in unserem Leben die erste Stelle einnehme und dass er uns freisetze von allem, was uns gefangen hält in der Sorge um uns selbst, damit wir offen werden für seine Lebensabsichten mit uns. Letztlich geht es darum, sich von Gott lieben zu lassen.

Dein Reich komme

Die zweite Bitte um das Kommen seiner Herrschaft (seines Reiches) steht in unmittelbarem Zusammenhang mit der Sehnsucht nach Heiligung des Gottesnamens und gibt ihr eine besondere Dringlichkeit. Mit dieser Bitte machen wir uns das zentrale Anliegen der Verkündigung Jesu zu eigen. Das „Reich Gottes“ ist *das* Leitmotiv seines Denkens, Wollens und Wirkens. In ihm hat es Gesicht und Gestalt bekommen. Beim Betrachten seines Lebensgeheimnisses wird deutlich, wie er in seinem Umfeld die üblichen Herrschaftsverhältnisse aufhebt. Wer herrschen will, muss dienen; wer eine herausgehobene Stellung einnehmen will, muss den letzten Platz einnehmen (vgl. Mk 10,43–45).

In den Seligpreisungen und Antithesen der Bergpredigt und vor allem in den Gleichnissen hat Jesus der geheimnisvollen Wirklichkeit des „Reiches Gottes“ eine Sprache gegeben, die den Menschen innerlich in Bewegung bringt und freisetzen will.
Hier wird auch deutlich, dass das Kommen des Gottesreiches an unsere Mitwirkung gebunden ist. Jesus will einen persönlichen Einsatz, der bei allem Engagement das Ergebnis allein der Initiative Gottes überlässt (Lk 10,17).

Mit der Bitte um das Kommen des Reiches, das im Leben und Wirken Jesu anschaulich und erfahrbar wurde, beten wir um seine Gegenwart nicht erst bei seiner Wiederkunft, sondern schon jetzt in der Erfahrung seiner inspirierenden und stärkenden Nähe, besonders dort, wo Misstrauen, Hass und Gewalt, Menschenverachtung und Unfreiheit das Antlitz der Erde verunstalten.

Dein Wille geschehe wie im Himmel so auf Erden

Mit der dritten Bitte stellen wir uns hinein in den Lebensgehorsam Jesu: „Meine Speise ist es, den Willen dessen zu tun, der mich gesandt hat“ (Joh 4,34). Dass Gottes Willen sich auf Erden mehr und mehr durchsetzt ist unsere Aufgabe als Christen: „Euch aber muss es zuerst um das Reich Gottes und um seine Gerechtigkeit gehen...“ (Mt 6,33). Das bezieht sich auf unsere eigene kleine Lebenswelt ebenso wie auf den Raum des gesellschaftlichen und politischen Handelns.

Doch die Bitte hat noch einen tieferen Kern. Gottes Wille geschehe nicht nur durch uns, sondern auch an uns: Der Evangelist Matthäus gibt uns das dadurch zu verstehen, dass er das Gebetswort Jesu im Garten von Gethsemani ganz parallel zur Vater-unser-Bitte formuliert: „Dein Wille geschehe...“ (Mt 26,42). Es gibt Stunden, die allein im Gebet durchlitten werden müssen. Es gibt Stunden, in denen die eigene Ohnmacht

durch keinen menschlichen Beistand aufgehoben werden kann. Es gibt Stunden, in denen die Angst vor dem Schmerz alle „Räume" unseres Herzens ausfüllt und alles in Frage stellt. Es gibt Stunden, die nur in völliger Unterwerfung unter den unbegreiflichen Willen Gottes überlebt werden. Jesus erfährt in dieser Ölbergnacht, dass der Vater den Kelch des Leidens nicht von ihm nimmt. In der totalen Übereignung seines Willens erfährt er zugleich, dass der Vater ihn nicht allein lässt. Das nimmt ihm nicht die Angst vor dem Sterben von Menschenhand; sie kann nur in beharrlichem Gebet überstanden werden.
Die unser menschliches Begreifen übersteigende Erschütterung Jesu und die Intensität seines von Angst überschatteten Gebetes werden uns vor Augen geführt, damit wir sehen: Es gibt keine Nacht der Sinne, in der Gott nicht anwesend ist. Es gibt keine angstvolle Ausweglosigkeit, die nicht mit IHM durchschritten werden kann; keinen Abgrund, der nicht vom Abgrund göttlichen Erbarmens umfangen ist.

So ergibt sich aus der Bitte um die Heiligung des Gottesnamens die Bitte um das Kommen seines Reiches und die Bitte, dass sein Wille auf Erden durch uns und an uns geschehe.

Die drei folgenden Bitten wenden sich den existenziellen Nöten der Menschen zu, um sie in der Ausrichtung auf Gottes Gegenwart und sein machtvolles Wirken in der Geschichte lebendig zu erhalten.

Unser tägliches Brot gib uns heute

Bei der Bitte um Brot geht es um das Lebensnotwendige für jeden Tag. Brot steht also für den materiellen Unterhalt des Lebens überhaupt. „So hoch auch der Geist fliegen, so tief auch die Mystik ansetzen und so metaphysisch auch abstraktes Denken sein mag, Menschsein hängt immer von einem Brocken Brot und einem Becher Wasser ab, also von einer Handvoll Materie. Die materielle Infrastruktur ist so wichtig, dass ... Gott Heil und Verderben daran geknüpft hat, ob wir sie gerecht und brüderlich gestalten oder nicht ... Im Brot, im Wasser, in der Kleidung und in der Solidarität steht am Ende das ewige Schicksal des Menschen auf dem Spiel" (vgl. Mt 25,31–46). ... „Kein Gebet und keine geistige Tätigkeit können vom Brot und von der häufig mühsamen Arbeit absehen, derer es bedarf, um es zu verdienen und es auf den Tisch des Hungernden zu bringen" (L. Boff).

Wenn Jesus seine Jünger und Jüngerinnen um das tägliche Brot bitten lehrt, nimmt er einerseits die leibliche Dimension des Menschen ganz ernst. Hunger, materielle Not und unsolidarisches Verhalten gehören zu den wichtigsten Ursachen menschlicher Unzufriedenheit, Aggressivität und Bosheit. Andererseits warnt er vor aller falschen Zukunftsorientierung aus Mangel an Vertrauen. Wie Jahwe das alte Bundesvolk in der Wüste beim täglichen Kampf ums Überleben durchgebracht und ins gelobte Land geführt hat, so sollen wir aus der Zuversicht leben, dass Gott uns gibt, was wir täglich zum Leben brauchen.

Und vergib uns unsere Schuld, wie auch wir vergeben unsern Schuldigern

Die Bitte um Vergebung entsteht aus dem Wissen um die Schwäche des Menschen und die Macht des Bösen im eigenen Herzen sowie auch der Erfahrung, wie sehr wir selbst der Vergebung bedürfen. Wir sind glückselige Schuldner: Weil uns vergeben ist, können und sollen wir auch anderen vergeben und so Beziehung und Gemeinschaft untereinander ermöglichen.

Doch die Wirklichkeit sieht oft anders aus. Matthäus erzählt das Gleichnis von einem Mann, der seinem Herrn eine große Summe Geldes schuldet. Als er nicht bezahlen kann und deshalb mit seiner ganzen Familie und allem Besitz verkauft werden soll, bittet er auf den Knien um Aufschub. Das berührt den Herrn so tief, dass er ihn freilässt und ihm die ganze Schuld erlässt. Beim Hinausgehen trifft der Mann einen Kollegen, der ihm einen kleineren Geldbetrag schuldig ist. Er stürzt sich auf ihn und fordert unverzüglich sein Geld zurück. Als dieser ihn kniefällig um Aufschub bittet, zeigt er kein Mitgefühl und lässt ihn erbarmungslos ins Gefängnis werfen (vgl. Mt 18,23–35).

Aus dem tiefinneren Spüren, dass Sünde und Schuld zur „ganzen Wahrheit“ unseres Lebens gehören, und aus dem Glauben, dass keine Verstrickung in Sünde und Schuld so heillos sein kann, dass sie nicht von Gottes Erbarmen umfangen wird, kann der Teufelskreis, die zerstörerische Dynamik des Bösen aufgebrochen werden. Das Wissen um Gottes Güte und Barmherzigkeit ist die Voraussetzung für unsere Versöhnungsbereitschaft in zwischenmenschlichen Beziehungen: „Werdet barmherzig, wie auch euer Vater (im Himmel) barmherzig ist“ (Lk 6,36).

Doch Jesu Aufforderung zur Feindesliebe führt an eine Grenze und ist wie eine Überforderung unseres menschlichen Instinktverhaltens (Mt 5,44 f.; Lk 6,27–36). Jesus macht damit auf eine innere Einstellung und ein Verhalten aufmerksam, wodurch das Rachebedürfnis des Gekränkten und Geschädigten überwunden und erlittenes Unrecht nicht wieder zur Quelle weiterer Feindschaft, Rachsucht und Unversöhnlichkeit wird. In dieser Haltung ist Jesus in seine Passion gegangen und hat damit eine Verheißung auf Vermenschlichung unserer Lebenswelt aufleuchten lassen, um deretwillen es möglich und verantwortbar ist, sich dem Geheimnis der Feindesliebe zu öffnen und die zerstörerische Dynamik des Bösen zu erschöpfen.

In der Bitte um Vergebung vertrauen wir uns also Gottes unverbrauchter Güte und Barmherzigkeit an und beten darum, dass der Blick darauf von uns nicht verstellt wird. Wer im Wissen um die eigene Schwachheit

Gottes Barmherzigkeit im eigenen Herzen keine Grenze setzt und dem Nächsten immer wieder die Chance des Neuanfangs gibt (Mt 18,21 f.), von dem wird sich Gott an Großmut nicht übertreffen lassen. So werden wir befähigt, auch dort Gutes zu tun, wo wir keinen Dank erwarten, und dort zu lieben, wo wir abgelehnt und angefeindet werden.

Und führe uns nicht in Versuchung, sondern erlöse uns von dem Bösen.

Die letzte Bitte des Vaterunser ist eng mit der Bitte um Vergebung verbunden. Auch sie weiß um die Macht des Bösen, die Schwäche des Menschen und rechnet realistisch mit seiner täglichen Gefährdung, seine Freiheit zu missbrauchen und sein Leben zu verfehlen. Das griechische Wort für „Versuchung“ *(peirasmós)* meint bei Lukas die Gefahr des Glaubensabfalls. Dann zielt die Bitte auf die Bewahrung in der Jüngerschaft. Dasselbe Wort kann auch allgemein „Bedrängnis“ oder „Leiden“ heißen, also Schicksalsschläge, denen wir aus eigener Kraft nicht gewachsen sind; Prüfungen, bei denen wir in unserem Glauben an Gott, den barmherzigen Vater irre werden können. Schließlich kann Versuchung hier auch seine übliche Bedeutung haben: Verlockung und Bedrohung, hinter der die Macht des Bösen steht. Diese kann im eigenen Herzen ihren Ursprung haben: „Jeder wird von seiner eigenen Begierde, die ihn lockt und fängt, in Versuchung geführt“ (Jak 1,14). Sie kann auch von unserem persönlichen und gesellschaftlichen Umfeld kommen. So werden uns Zeiten der Verkehrung und Verwirrung von Gut und Böse, Zeiten kollektiver Verblendung und Bedrohung kaum erspart bleiben.

Schwer verständlich scheint die Vorstellung, dass Gott selbst Menschen in „Versuchung" führt. Dem steht das Wort aus dem Jakobusbrief entgegen: „Keiner, der in Versuchung gerät, soll sagen: Ich werde von Gott in Versuchung geführt. Denn Gott kann nicht in die Versuchung kommen, Böses zu tun, und er führt auch selbst niemand in Versuchung" (Jak 1,13).

In diesem Zusammenhang sei an die Mahnung Jesu an seine Jünger bei seinem Gebetskampf am Ölberg erinnert: „Wachet und betet, dass ihr nicht in Versuchung geratet" (Mk 14,38). Wir werden also aufgefordert, wie Jesus durch inständiges Beten die Stunde schrecklicher Versuchung zu bestehen und darauf zu vertrauen, dass wir nicht über unsere Kraft hinaus versucht werden (vgl. 1 Kor 10,13). In der letzten Vaterunser-Bitte beten wir also um die geistliche Kraft der Unterscheidung und um das Vertrauen, dass Gottes Macht sich an uns als stärker erweist als die Macht des Bösen.

In den Formulierungen des Vaterunser können sich viele Menschen, auch außerhalb der Kirche, wiederfinden. Das Gebet des Herrn ist ein Grundtext, der helfen kann, die Liebe Gottes zu entdecken und so sich ins Beten hineinzutasten.

Peter Köster

Geboren 1936, ist Jesuit. Er studierte Philologie, Philosophie und Theologie, war Studentenseelsorger in Münster und München und am Fortbildungsinstitut der Orden (IMS) für den deutschsprachigen Raum verantwortlich für den theologisch-spirituellen Fachbereich. Von 1981 bis 1997 war er Direktor des IMS. Nach wie vor ist er als Kursbegleiter mit vielen Menschen unterwegs. Zahlreiche Veröffentlichungen.
Schwerpunkte seiner Arbeit sind die biblischen und anthropologischen Grundlagen des geistlichen Lebens.

Mehr über den Autor erfahren Sie im Internet:
www.peterkoestersj.de

Andreas Felger

1935 am Fuß der Schwäbischen Alb geboren. Studium an der Kunstakademie München. Zahlreiche Ausstellungen im In- und Ausland. Viele Buchveröffentlichungen. In seinem weit gespannten künstlerischen Werk begegnen sich Natur, Musik, Zeitgeschichte und biblische Offenbarung. Andreas Felger lebt in Hünfelden-Gnadenthal.

Mehr über den Künstler erfahren Sie im Internet:
www.af-kulturstiftung.de

Literatur

Klemens Armbruster, Von der Krise zur Chance, Wege einer erfolgreichen Gemeindepastoral, Herder 2001

Eugen Biser, Glaubensbekenntnis und Vaterunser, eine Neuauslegung, Patmos 2003

Martin Buber, Bücher der Geschichte, Köln 1956

Glaubensinformation, Ein Briefkurs über den katholischen Glauben, hrsg. von der katholischen Glaubensinformation (kgi), Frankfurt

Ulrich Luz, Das Evangelium nach Matthäus (Mt 1–7) EKK/1 Benziger – Neukirchener Verlag ^{3}1992

Medard Kehl, Dein Reich komme, Eschatologie als Rechenschaft über unsere Hoffnung, Topos plus Taschenbücher, Bd. 498, 2003

Peter Köster, Zur Freiheit befähigen, Kleiner Kommentar zu den Großen Exerzitien, Benno ^{3}2004

Ders., Das Lukas-Evangelium, Orientierung am Weg Jesu, Eine geistliche Auslegung auf fachexegetischer Grundlage, EOS 2004

Hans Küng, Credo, für Zeitgenossen des 21. Jhdts., zusammengefasst von Jean-Louis Gindt, Publik-Forum Dossier Credo

Josef Heer (Hrsg.), Vaterunser im Himmel, Stuttgarter Taschenbücher, KBW 1990

Felix Porsch und Anneliese Hecht, Durch seinen Tod erlöst? Der Sühnetod Christi, Kath. Bibelwerk e.V. 2004

Jörg Sieger, Wie können wir heute glauben? Antworten – Impulse – Ermutigungen, Tyrolia 2000

Suchen und fragen, Lebensorientierung am katholischen Glauben, Benno 1998

Hans Torwesten, Sind wir nur einmal auf Erden? Herder 1983

Rechtsnachweise

S. 6 und 69: Eugen Biser, Glaubensbekenntnis und Vaterunser. Eine Neuauslegung © Patmos Verlag GmbH & Co KG, Düsseldorf, 2003

S. 12f: Lothar Zenetti, Die wunderbare Zeitvermehrung. Wewel-Verlag im Auer Verlag, Donauwörth, 2000

S.18: Marcel Légaut, Summe meines Lebens. Lahn-Verlag, Limburg, 1980

S. 19f: Heinar Kipphardt, In der Sache J. Robert Oppenheimer. Ein Stück und seine Geschichte. Veröffentlicht im Rowohlt Taschenbuch Verlag, Reinbek bei Hamburg, 1987. Mit freundlicher Genehmigung des Rowohlt Verlags, Reinbek bei Hamburg

S. 23: Joseph Ratzinger, Einführung in das Christentum. Kösel-Verlag, München, 2000

S. 24f: Auszug, teilweise wörtlich, aus: Sören Kierkegaard, Philosophische Brocken (1844), übersetzt von Emanuel Hirsch, Gesammelte Werke und Tagebücher 10. Abteilung, Grevenberg Verlag Dr. Ruff & Co. OHG, Simmerath 2003, S. 24–30

S. 32f: Felix Porsch und Anneliese Hecht, Durch seinen Tod erlöst? Der Sühnetod Christi. Kath. Bibelwerk e.V., Stuttgart, 2004

S. 34: Kurt Marti, Namenszug mit Mond. Gedichte. Werke Band 5 © 1996 Nagel & Kimche im Carl Hanser Verlag, München – Wien

S. 48f: Suchen und fragen. Lebensorientierung am katholischen Glauben. St. Benno-Verlag, Leipzig, 1998

S. 51: Medard Kehl, Dein Reich komme. Topos plus Taschenbücher, Bd. 498, 2003

S. 66: Simone de Beauvoir, Ein sanfter Tod. Rowohlt Verlag, Reinbek, 1995

S. 86: Vater unser. Das Gebet umfassender Befreiung © Patmos Verlag GmbH & Co KG, Düsseldorf, 4. Auflage, 1986

Weitere Titel von Präsenz Kunst & Buch

Joachim Wanke · Andreas Felger

Gottesnähe – Vater Unser

ISBN: 3-87630-526-8

Oliver Kohler · Andreas Felger

Das Wirkliche tapfer ergreifen
Dietrich Bonhoeffer – eine Annäherung

ISBN: 3-87630-060-6

Gotthard Fuchs · Andreas Felger

Atem Gottes

Texte und Aquarelle zum Heiligen Geist

ISBN: 3-87630-529-2

Anselm Grün · Andreas Felger

Befrei mein Herz von der Angst

ISBN: 3-87630-528-4

Präsenz